U0499005

丝瓷之路博览 SI CI ZHI LU BO LAN

莲花上的狮子
——内陆欧亚的物种、图像与传说

尚永琪　著

创于1897
商务印书馆
The Commercial Press
2015年·北京

图书在版编目(CIP)数据

莲花上的狮子：内陆欧亚的物种、图像与传说 / 尚
永琪著. — 北京：商务印书馆，2014（2015.5重印）
（丝瓷之路博览）
ISBN 978－7－100－10457－9

Ⅰ. ①莲… Ⅱ. ①尚… Ⅲ. ①文化史－研究－欧洲②
文化史－研究－亚洲 Ⅳ. ①K103②K203

中国版本图书馆CIP数据核字(2013)第277725号

莲花上的狮子
——内陆欧亚的物种、图像与传说

尚永琪　著

商 务 印 书 馆 出 版
（北京王府井大街36号　邮政编码 100710）
商 务 印 书 馆 发 行
北京画中画印刷有限公司印刷
ISBN 978 － 7 － 100 － 10457 － 9

2014 年 5 月第 1 版　　　开本 880×1230　1/32
2015 年 5 月北京第 2 次印刷　印张 7 1/4
定价：38.00 元

主　　办：中国社会科学院历史研究所中外关系史研究室

顾　　问：陈高华

特邀主编：钱　江

主　　编：余太山　李锦绣

主编助理：李艳玲

编者的话

　　《丝瓷之路博览》是一套普及丛书，试图以引人入胜的方式向广大读者介绍稳定可靠的古代中外关系史知识。

　　由于涉及形形色色的文化背景，故古代中外关系史可说是一个非常艰深的研究领域，成果不易为一般读者掌握和利用。但这又是一个饶有趣味的领域。从浩瀚的大海直至无垠的沙漠，一代又一代上演着一出又一出的活剧。既有友好交往，又有诡诈博弈，时而风光旖旎，时而腥风血雨。数不清的人、事、物兴衰遭递，前赴后继，可歌可泣，发人深省。毫无疑问，这些故事可以极大地丰富人们的精神生活。

　　本丛书是秉承《丝瓷之路》学刊理念而作。学刊将古代中外关系史领域划分为三大块：内陆欧亚史、地中海和中国关系史、环太平洋史。欧亚大陆东端是太平洋，西端是地中海。地中海和中国之间既可以通过海上丝绸之路，也可以通过草原之路往来。出于叙事的方便，本丛书没有分成相应的三个系列，但种种传奇仍以此为主线铺陈故事，追古述今。我们殷切希望广大读者和作者一起努力，让古代中外关系史的知识走进千家万户！

2012 年秋

引 子

在人类历史上，鬣毛丰沛、吼声如雷的雄狮不但被强权势力推举为国王、英雄的代表者，也曾被芸芸众生尊奉为保护神和吉祥物。狮子那不可战胜的英勇形象，使得古代欧亚地区的很多神都被塑造成人面狮身或者狮头人身，在陵墓、神庙等场所被塑造或绘制出来，在人类科学知识尚不昌明的时代，扮演着地位无上的人类命运主宰者的角色。不论是主宰山川大地、负责丰育万物的女神，还是慈悲为怀、悲悯众生的佛陀，都被塑造成骑在狮子背上或坐在狮子座上的智慧形象。本书所要研究和讲述的，就是蕴涵在中华狮子文化中那些不为人所熟悉的欧亚文化因素，并与读者一起分享古代中外文化交流之源远流长、传奇浪漫。没有胸襟开阔的交流与融合，就不会有繁荣丰富的文化，现代文明如此，古代文化亦如此。

本书图片部分取自国内外考古机构和博物馆出版的图书及网站数字化资源，很多观点也参考了先贤学者的相关论著，已于书中一一注明。特别感谢"吉林省社会科学院学术出版基金"的支持和资助，感谢余太山先生将之纳入丝瓷之路博览丛书，使在文献堆中爬梳的我可以通过图像的展示、故事的讲诉来还原风趣生动的历史，这对我、对读者都是一个崭新而充满惊喜的领域。还需提及的是，吉林省社会科学院的赵欣、金寿铁先生热情地提供了部分英文资料查询方面的帮助，东北师范大学晏宗杰老师认真审校了全文，并致感谢。

2013 年春

目录 CONTENTS

第四章

骑在狮子背上的欧亚女神

第五章

欧亚大陆的狮子王传说

第九章

狮子与佛陀的莲花世界

第一章

狮子东来之路

　　自 1 世纪开始，狮子作为珍稀礼品被西域各国进献
到中国来，主要豢养在皇家宫廷之中，宫廷画师们开始
创作有关狮子的各类图像。古代文献记录了当年那些被
进贡而来的庞然大物是如何被从万里之遥送到中国来的
细节：谁牵制着凶猛而不可战胜的狮子王？又是谁控制
着它们的命运？它们从布满红莲花的西亚草原来到陌生
的中国黄河流域，又经历了什么？最后的问题是：当文
化与艺术中的狮子被塑造得越来越可爱顽皮时，那些光
临东亚大地的异域野兽，它们生活得怎么样呢？

一 红莲花，狮子王

西域狮子东来古代中国，它不是作为一个物种被传播，因为狮子很难在以黄河流域和长江流域为中心的中华大地生存繁衍，所以我们说的"狮子东来"，最主要的还是指狮子图像及狮子文化的东传中国及其发展。

那么，我们的目光就从遥远的亚洲狮的产地美索不达米亚开始，审视狮子图像与狮子文化传入中国的历程。

公元前800年，美索不达米亚，一片长满红莲花的沼泽地里，一头凶猛无比的母狮扑向一个强壮的黑人。母狮咬住黑人的颈部贪婪地吸血，它的眉心上，象征森林王者的一块宝玉熠熠闪光，似乎在夸耀胜利者的得意。而那被突然袭击，只穿着一条短裤的黑人已经无力逃脱和挣扎，他倒在地上，双臂向后，徒然无力地撑在泥泞中，奄奄一息，坐以待毙。

此刻，狮子的凶悍威猛，与人类肉体的脆弱与无助，形成鲜明的对比。

2000多年前的雕刻家为我们记录下来的这个惊心动魄的情节，是伦敦大英博物馆收藏的一件高10.2厘米的象牙雕刻作品。它用象牙、黄金与蓝宝石、红宝石镶嵌搭配，栩栩如生地描绘了红莲花美丽的风姿、猛兽狮子残忍的天性，也刻画了人在自然环境中被捕

扑倒黑人的母狮，牙雕，大英博物馆

食时的绝望。

在古代非洲与西亚及印度等地区的热带草原上，狮子是绝对的王者，是人类生存的最大威胁。

这个黑人毙命狮口的时刻，正是中国西周时代（前1046—前771）的某一天，这个年代，我们的先祖尚不知狮子为何物。即使有所耳闻的话，那也只是一个渺茫神奇、变形走样的传说。

亚洲狮以前生活在从欧洲西南部到西亚和印度的广大地区，雄踞东方的中华帝国本土没有狮子，在公元前漫长的历史时期，西亚、中亚由于距离中原地区比较遥远，加上匈奴帝国的隔断，交流贫乏，也就没有人能目睹狮子的勇猛、凶残与威风。

从公元前139年开始，西汉帝国雄才大略的汉武帝刘彻派张骞先后两次出使西域，越过葱岭，到达古代的大夏（今塔吉克斯坦）、安息（今伊朗）等国，虽然没有完成联络中亚国家大月氏（今土库曼斯坦、乌兹别克斯坦、阿富汗一带）夹击匈奴的军事目的，但是带回了关于西域的丰富信息，开辟了西汉帝国与中亚的丝绸之路交通线。

张骞到达的区域，正是亚洲狮的分布区，然而，文献中没有留下任何一点张骞和他的伙伴们见到狮子的记载。

虽然《汉书》中有片言只语很模糊地提到西汉宫廷的皇家苑囿中养有狮子，但是这些狮子从何而来却史无明文，不足以使我们相信西汉皇帝和近臣们见过狮子。

史书中明确记载西域诸国向汉王朝贡献狮子是在东汉时期。

东汉章帝章和元年（87）安息国王遣使进贡狮子，此后，汉和帝永元十三年（101），安息王满屈再次献狮子与孔雀，汉顺帝阳嘉二年（133），疏勒国又献来狮子和犀牛，而月氏也有献狮子的记载。

可以肯定，至迟自公元87年开始，东汉宫廷及皇家近臣才见到了真实的狮子，对狮子有了直观的了解和接触。对于狮子形象的描述，中国文献中最早的清晰记载来自东汉时期成书的《东观汉记》：
"狮子形如虎，正黄，有髯耏，尾端绒毛大如斗。"

这已经是非常写实、准确地对于亚洲雄狮的描写，这表明在东汉时期的首都洛阳，来自西域地区的猛兽狮子，已经不仅仅是一种传说了，作为动物的狮子从欧亚草原正式向东方的中华帝国走来。

对不出产狮子的中国而言，我们所说的狮子的东来，是包含了两层意思：一是狮子作为一个物种和猛兽从西域被进贡到中华帝国来；二是狮子文化从西域传来，在中国文化中被全面接受，不但其图像成为中国吉祥图样的一个主要元素，而且狮子舞等艺术样式也彻底被中国化，形成了独具特色的中国传统狮子文化。

但是，在中国作为物种的狮子同作为文化元素的狮子其实是有一些脱节的。

作为一个物种，狮子从东汉以来只是皇家苑囿中的一个非常稀罕的观赏动物，除了皇族和宫廷近臣见过这些身披金毛的猛兽外，对于芸芸众生来说，狮子一直是一个传说。所以，作为动物的狮子并不是中国狮子文化兴盛的主要源头，作为传说的狮子才是中国狮子文化真正的发展源泉。

草原上步行的非洲狮

正是因为中国的狮子文化是以传说的狮子为源头的，所以狮子雕塑、图像的变形就比较普遍。遍布寺庙、官衙、贵族府邸、富商深宅、桥头、宗祠等处的雕塑狮子、图案狮子，或可爱顽皮，或体态旖

旎，已经失去了作为草原之王的凶
残、勇猛与暴力，成为一个吉祥的
可爱动物形象。

虽然狮子图像从隋唐以后遍布
各类建筑与器物的装饰中，但是中
国人对于狮子的认识却浅近得很，
很多狮子的图像有狗化的趋势，以
至于元代画家将西域进贡来的狮子
称之为"獒"，将狮子当成了大狗。

现在，我们已经知道的是，狮
子与老虎、猎豹同属猫科，但狮子

戏球的小狮子，石雕，私人藏品

却是猫科动物中唯一的群居动物。狮群以雌狮为中心，由雄狮和幼狮
构成。它们主要靠群体的力量来猎食大型的食草动物，是热带大草原
上最厉害的肉食动物。

狮子主要分布在非洲、亚洲，有 11 个亚种，一般来说，在非洲
有埃塞俄比亚狮、塞内加尔狮、索马里狮、马赛狮、加丹加狮、喀拉
哈里狮、德兰士瓦狮、开普狮等 10 个亚种。在印度有亚洲狮 1 个亚
种。非洲狮的 10 个亚种在外观上很难将它们分辨出来，只是雄狮鬃
毛颜色稍有差别。与非洲狮相比，亚洲狮的鬃毛要粗一些，身上的毛
也相对多一些。

在中国文献中，把这种传说中的西方猛兽称作狻猊。东汉以来，
被中国古代文献称之为狻猊的狮子形象开始在中国流传，如四川芦山
县发现的东汉墓前石兽中已有了狮子的形象。魏晋时期，作为实存动
物的狮子才在中原图像中有所反映。南朝帝陵和王侯墓前有了呈行走
状态的带翼的狮子。南朝石狮子具有吐舌、身肉肥满、长尾、四足
据地、带翼等特征，这些狮子虽然是一定程度上的写实的动物，但

菩萨狮子座，北魏四面造像石，山西博物院

陶狮子，渤海三彩，上京遗址博物馆

又是作为一种神兽出现的，是南朝人接受了西域文化中的狮子图像的仿制物。

东晋以后，随着佛教的传播，具有印度风格的、守护在佛座两侧的写实狮子图像逐渐被中国人所熟悉。现藏于山西博物院的北魏四面造像石中，在菩萨的法座两侧，是两头栩栩如生的护法狮子。

像这样的狮子雕刻，在南北朝时期大量涌现，成为佛教造像、建筑门户等处的经典模式。

唐代以后，西域狮大量涌入中原，更多的人见到了真狮，早先观念中充满神异色彩的狮子不复存在，狮子图像也随之褪去双翼，进一步向写实性演变，狮子被刻画得壮丽且逼真：头披卷毛，张嘴扬颈，四爪强劲有力，神态盛气凌人。唐代狮子图像除表现为陵墓石狮外，还出现在丝织、印染、陶瓷等各方面。在雕塑作品中，蹲狮逐渐取代了走狮，成为在中国文化传统中最常见的狮子形象。

在渤海上京城出土的一件三彩陶狮子，就是唐代蹲狮中的一件精品。这件狮子作品高13厘米，现藏于黑龙江省渤海上京遗址博物馆。金黄色的狮子蹲坐在绿釉基座上，巨大的头颅略呈前伸状，大口微微半张、似乎将吼而未吼，双目炯炯如电，瞪视前方，肩背弓起，尾巴前卷，极具动感。

随着狮子形象的本土化，吐舌的狮子形象便越来越罕见，常见的造型只是张口露齿。唐开元年间文士阎随侯的《镇座石狮子赋》所描述的狮子形象已经是有足不攫、有齿不噬，具有威而不怒特征的造型。

中国传统图样中，狮子图像与文化的源头一是来自印度，二是来自萨珊文化，当然就主要是以亚洲狮的形象为本源的。

亚洲狮是非洲狮的近亲，大约在10万年前从非洲狮分离而出，曾经在从希腊到印度的广大土地上漫游。

在印度，狮子是和宗教以及王权最紧密相连的动物。梵语中狮子叫僧伽彼，即众僧的意思，不但是佛祖释迦牟尼的象征动物，也是皇室尊贵和权力的象征。2000多年前，孔雀王朝的阿育王（Emperor Ashoka）曾经在释迦牟尼初次对弟子说法的鹿野苑（Sarnath）的石柱上刻上狮子的形象，用意是宣扬非暴力、宽容与尊重生命。时至今日，印度国徽上的图案就是取材自阿育王石柱上的亚洲狮造型。在从东晋十六国开始流传的佛教造像中，主要是佛陀像和弥勒菩萨造像，作为护法的狮子在佛陀或菩萨两旁蹲立守护。由于这种图像最早是来自犍陀罗或秣菟罗这些对动物狮子非常熟悉的地区，所以狮子的写实性就非常高。

在萨珊波斯，狮子不但是城市文明的威胁者，也是力量的象征。波斯帝国不但崇尚狮子的力量，而且其国王有猎狮的传统，因而，狮子纹样及猎狮图像作为一种装饰纹样影响了中亚的广大地区，并进而东传。尤其南北朝以后，萨珊朝的银盘、织锦等器物中，狮子作为装饰纹样非常普遍，并通过丝绸之路传到了中华帝国。

那些到中原经商的西亚和中亚商人，在其所携带的陶壶等器物及其去世后使用的葬具上，都刻画了生动形象的狮头、猎狮及勇士斗狮子等图像。而狮子戏、狮子舞在隋唐时期也通过龟兹等地区不但进入了中原王朝的宫廷乐舞中，而且在民间也有广泛的影响，逐渐发展成了风行大江南北、流派各异的舞狮子。

中国古代的建筑与器物上，狮子图像随着佛教的传播而成为必不可少的吉祥装饰图样。不但在寺庙、官衙、达官贵人家的宅邸等精美建筑的大门口有守护的狮子，而且在建筑物的影壁、窗户、屋脊、抱鼓石、柱头、柱础及桥梁的栏杆等上面，更是演化出千姿百态的狮子图样。

二 | 万里迢迢，西域贡狮

历史上，进贡而来的狮子来自西域的帕提亚古国、波斯、疏勒、月氏、嚈哒国、康国、石国等。当时西亚、中亚诸国把狮子作为贡奉的礼品有两个原因：首先是西域各国视狮子为神兽，是威权和神圣的象征，进贡神兽给国际大帝国中国，是最能表达崇敬之心的；其次当然是因为中国没有狮子，物以稀为贵，这种象征勇气和力量的大型猛兽更容易引起皇帝和上层王公贵族的兴趣。

据 18 世纪的记载分析，亚洲狮曾经栖息在从欧洲西南部到西亚和印度的广大地区，就是说，在历史上从安息（古伊朗地区）等国家进贡到中国来的狮子，主要都是亚洲狮。

要将狮子这样的大型猛兽从万里之遥的西亚等国带到黄河、长江流域来，不但要历经沙漠戈壁等恶劣的地理气候区，而且行程时间漫长，到达后还不一定能适应东亚地区的气候条件，从万里之遥把西亚的狮子赶到东方的洛阳、长安来，在畜力时代，那可是一件耗日持久的事情，抛尸在丝绸之路上的狮子王不知道有多少。

最典型的事例是，北魏时期曾发生过献狮子的波斯人因嫌狮子拖累自己而将狮子杀死的事情，这件事情记载在《洛阳伽蓝记》卷 3 中。

北魏永安三年（530），波斯国王进贡给孝庄帝元子攸的狮子被送到京师洛阳，元子攸收了下来，养在皇家苑囿。到了普泰元年（531），广陵王元恭即位，他一则嫌狮子这样的大型猛兽养着麻烦，二则也可能是发了善心，觉得将威猛的狮子王圈养得无精打采是件缺德的事情，于是下诏说："禽兽囚之，则违其性，宜放还山林。"于是这头狮子被下令送还到波斯国去。

那个负责喂养狮子和送狮子的波斯人好不容易挣命到了洛阳，现在又要让他带着这样一头猛兽，跨越万里山河险阻回到波斯去，不免心生畏惧。结果是，这个波斯人敷衍着皇帝的诏令走了不远，就想了个办法把这头思乡心切的狮子给杀了，然后偷偷溜回洛阳。官府当然不会放过他，于是这个波斯人被逮了起来，准备治罪。事情报告到元恭那里，他觉得情有可原，于是下令释放那个波斯人，赦免他抗旨杀狮的罪行。

这只是漫长的历史长河中西域贡狮的一则记录，但由此可以看出当时为了贡狮子所造成的对狮子的猎杀情况。

唐代画家阎立本绘有《职贡图卷》，生动形象地描绘了西域国家的使臣率领庞大的团队，肩挑背扛地带着各种各样的西域奇珍异宝远赴华夏的情景。

阎立本所画的是西域国王派来的使团，由正式的外交使者带队。戴着阿拉伯式沙漠头巾的外交使者骑在马上，手执轻鞭，身边那个穿

（唐）阎立本，《职贡图卷》局部，台北故宫博物院

红衣服的可能是僧侣或翻译之类的文职随从,使者的身后有侍从为他撑起伞盖,其后依次跟着手捧象牙与孔雀毛、头顶葡萄酒坛、怀抱奇石、手牵羚羊、抬着鸟笼等贡品的庞大献宝队伍。在这支队伍中,还有一位胡人肩上坐着一个穿红裙的儿童,这应该就是西域百戏或魔术表演的艺人。

阎立本的这幅《职贡图卷》虽然没有画出贡狮子的具体形象,但从这幅图画里面,我们可以非常直观地了解中古时期的西域使团是如何将奇珍异宝奉送到中原来的。

西域诸国进贡狮子的历史从东汉时期一直延续到明代。东汉章帝章和元年(87)安息国王遣使进贡狮子,汉和帝永元十三年(101),安息王满屈再次献狮子与孔雀,汉顺帝阳嘉二年(133),疏勒国又来献狮子和犀牛,而月氏也有献狮子的记载。自此之后,历代都有狮子被贡献到朝廷的皇家苑囿来。

魏晋南北朝时,西域进贡狮子的记载逐渐增多。

隋唐时期,西域的波斯、康国、石国等几乎都有贡狮子的记载,但是狮子之难以豢养也是众所周知的,因而唐朝、宋朝都有"止贡"的记载。

《旧唐书》卷89《姚璹传》记载,武则天当政时期,西域石国国王打算进贡狮子到洛阳来,大臣姚璹上表认为,把狮子从碎叶送到洛阳,不但在途中上耗费财力,而且到达后,光供应狮子的肉食就所费不薄,是一件吃力不讨好的事情。武则天认为姚璹讲得有道理,就拒绝了石国国王献狮子的打算。

《宋史》卷17《哲宗本纪》记载,北宋元丰八年(1085),于阗国打算进贡狮子,宋哲宗也下诏拒绝了。

对华夏地区来讲,狮子虽然是金贵稀少的大型猛兽,但是过于频繁的进贡和狮子难以在苑囿中豢养,使得狮子往往成为皇家或官府的一个不大不小的麻烦，因而中原王朝对于贡狮子抱着一种喜忧参半的复杂心态。

西域国家向中原王朝进贡狮子，当然是有着政治、军事或经济目的的。如安息王向中原王朝进贡狮子，是因为安息把持着丝绸之路上中原与大秦之间的经济交易与往来，他从二者之间的丝绸等交易中牟取暴利，自然也需要讨好中原王朝。而疏勒、月氏等西域国家因为在中原王朝军事力量可及的范围之内，通过这种频繁的进贡可以寻求中原王朝的保护和支持。如东汉章帝章和元年（87）月氏贡献狮子，目的在于向汉朝廷求亲，想娶汉朝的公主，遭到拒绝后，就攻击汉朝的驻军。

当然并不是所有的贡狮子都是政府行为，至少是隋唐时期贡狮的就是一些商团领袖，他们打着所在国国王的旗号，带着狮子来到长安、洛阳等大城市，目的在于同中原皇家及官府建立联系，为其经商创造便利。

据《旧唐书》卷198"西戎传·拂菻国"、《新唐书》卷221下"西域下"记载，在唐代开元七年（719），大秦国王派遣吐火罗大首领罗摩献狮子、五色鹦鹉。像这种派遣商团首领来献狮子的，可能更多的是商人开拓经商环境的个人行为。

而有一些在狮子产地或有机会到狮子产地的地方官员，为了讨好朝廷升官晋爵，也加入了贡狮子的队伍。

如据《北齐书》卷24的记载，平秦王归彦因罪被贬到今天的甘肃宁夏一带，多年后学会了西域胡人的语言，被派去做西域大使，带回一头狮子献到朝廷，获得功劳，被升为河东太守。

据《宋史》卷154"舆服志"的记载，宋神宗元丰三年（1080），广西的地方官莫世忍向朝廷进贡狮子等奇珍异宝，就被赐以"西南诸道武盛军德政官家明天国主印"的官印，同时还赐给广西南丹州刺史印。

到了明代，郑和下西洋从马六甲带回狮子，狮子传入又多了一条途径，《明史》卷332记载，宣德五年（1430），郑和出使西洋，买回了奇珍异宝及麒麟、狮子、鸵鸟。

古代史书中记载的最后一次外国贡狮是清康熙十七年（1678）葡萄牙使臣携带非洲狮子朝觐，《清圣祖实录》卷76"康熙十七年八月庚午"中记载了葡萄牙国王进贡狮子的表文，内有"永怀尊敬大清国之心，祝万寿无疆"之语。

据宋岚《中国狮子图像的渊源探究》一文的统计，从《后汉书》到《明史》，历代正史本纪中记载外国贡狮有21次，其中东汉4次、北魏2次、唐2次、宋2次、元5次、明6次。《清史稿》本纪中未载。

随着狮子这样一种外形极具震撼力的大型野兽进入中国，狮子作为图像也出现在中国艺术家的笔下，但是因为隋唐之前贡献而来的狮子相对非常少，真正见过狮子的人就更少，所以艺术家们对于狮子的了解就比较浅，社会上流传的那些狮子图样跟真狮子差距甚远。

《洛阳伽蓝记》卷5记载北魏时期的敦煌人宋云曾在西域见到狮子的事，就很能说明当时的人们对于真狮子了解的程度。宋云在北魏明帝神龟元年（518）十一月，受胡太后之命，与崇立寺沙门惠生、法力等出访天竺。从洛阳出发，经吐谷浑、鄯善、于阗等地，进入西域，在犍陀罗国（今巴基斯坦白沙瓦地区）见到中印度舍卫国国王送给犍陀罗国王的两头小狮子。宋云是第一次见到真狮子，感叹中原地区流传的狮子图或狮子造像实在是变形太大，与真狮子大大不同。

南朝刘宋的宗炳曾画过《狮子击象图》，是根据曾到印度大陆的僧人的描述而画的，表现的是狮子与大象搏斗的场景，至于宗炳本人是否亲眼见过狮子，就不得而知了。

南朝刘宋时代画家顾光宝是以画狮子闻名的。他的好友陆溉住在建康，患病多年，求医问药毫无疗效。顾光宝偶然去陆家造访，认为陆溅之病是被恶鬼缠身所致。他让人拿来纸笔墨，画了一张狮子图，并把画挂在窗外。当晚，陆家焚香祷告，夜深人静时，窗外有窸窣声。第二天早晨，画上的狮子口胸有鲜血，陆溅的病也好了。这自然是神话故事，所谓"猛狮唉鬼"，但从一个侧面也看出了顾光宝画技高，将狮子画得栩栩如生，威猛有力。

唐玄宗时期的画家韦无忝，以画马和异兽擅名于当时，有"韦画四足、无不妙也"的说法。据说他曾为西域献到朝廷的狮子画了写真，等到后来这头狮子被放归本国后，那些养在皇家苑囿的大型猛兽们见到这张狮子图，都会露出惊恐畏惧之色，由此可见韦无忝所画狮子是何等生动形象。唐代画家阎立本曾画过多幅狮子的写真图，见于记载的就有《职贡狮子图》和《西旅贡狮子图》，可惜此二图久已失传，我们不得见其真容。宋人周密在《云烟过眼录》卷下记载阎立本《职贡狮子图》的内容是："图大狮二，小狮数枚，虎首而熊身，色黄而褐，神采粲然，与世所画狮子不同。"阎立本以写实见长，写真的狮画当然与变形的狮画相去甚远。周密是宋末元初的大学问家，他在《云烟过眼录》卷上还提到阎立本的另一幅狮画《西旅贡狮子图》，图中的狮子"类熊而貌猴，大尾"。据《图画见闻志》卷2《纪艺上》记载，五代时期的蒲延昌出身画工之家，工于画佛道鬼神，尤其精于画狮子。他画的狮子行笔劲利、用色不繁，很受人们喜爱。

我们今天能见到的古人画的贡狮子写真，最早的是《元人画贡獒图》，现藏台北故宫博物院，画面

《元人画贡獒图》，台北故宫博物院

上，一头鬣毛飞扬、劲尾横扫的狮子不愿前进，它抬起前爪紧紧抓住拴着其脖子的铁链，对着前面的那个壮汉低声吼叫，身后的那个壮汉，一手牵铁链，一手高扬捶打狮子的臀部，驱赶它前进，真实地再现了狮子在被贡献之路上无奈无助的生存状态。

《西旅贡獒图》，台北故宫博物院

中国古代画家对于狮子的描摹写真，有"怒则威在齿，喜则威在尾"的深刻认识。一个被铁链锁起来的雄狮，其血盆大口中的利齿之威和可自由甩动如钢鞭似的劲尾之雄，全都无法发挥。明代画家画的《西旅贡獒图》中的狮子，与那个牵着它的胡人蹲在地上，完全没有了雄狮的气概，像是一个体型巨大的乖乖狗，难怪看到它的人要把它称为獒了。

《狻猊图》，台北故宫博物院

狮子在中国古代又被叫作狻猊，现藏于台北故宫博物院的《狻猊图》中的雄狮卧在青松山涧间，写真程度则很高，尤其是对雄狮头部及身体比例的表现，完全是写实的，狮子的眼睛、口形与牙齿的描摹，非常逼真。

第二章

走狮与翼狮图像的流变

　　任何一种关于动物的艺术创作品，都与该动物的活动习性有关。鬃毛飞扬的狮子在艺术家的创作中，有蹲狮、走狮和张牙舞爪打斗的狮子形象。除此之外，出于塑造不可战胜的"神"的目的，狮子的艺术形象又被作为神兽加上了鸟的翅膀。这样，在神的世界里，就有了会飞的狮子——翼狮。中国古代虽然有将神仙画成"羽人"的传统，但是翼狮文化传入之后，仅仅在汉晋时期的王族陵墓的守护兽上有所体现，隋唐以后就基本上消失了。只有蹲狮被中国人民所喜爱，无论是寺庙、官衙还是大户人家，都喜欢将守护平安和炫耀威武的蹲狮放置在大门口两侧。

狮子的图样千变万化，但比较常见的有三种形态：卧狮、蹲狮和走狮。

卧狮在古代埃及、欧洲比较常见。蹲狮是中国隋唐以后守门狮子的经典图样，其造型受佛教造像中护法双狮的影响最为明显，一般是一雌一雄，以或威严或顽皮的状态蹲坐在主体建筑大门两侧。而走狮是传入中国较早的一种狮子图样，从东汉到唐代，走狮是皇帝与王公将相陵墓前守护狮子的主要形象。

华夏地区最著名的走狮艺术品莫过于沧州铁狮子。

沧州铁狮子，位于沧州市东南20公里的沧州旧州城内，铸造于后周广顺三年（953），身长6.5米，体宽3米，通高5.5米，重约40吨，是我国现存最大的早期铸铁件，也是目前世界上体积最大、铸造年代最早的铁铸狮子。

沧州铁狮子俗名"镇海吼"，它昂首怒目，巨口大张，毛发作波浪状，间有旋卷披垂项上，身披障泥，背负莲座，前胸及臀部束带，四肢叉开作行走状。

据民国《沧县志》载：铁狮在旧城内开元寺前，高一丈七尺，长一丈六尺，背负巨盆，头顶及项下各有"狮子王"三字，颈右侧有"大周广顺三年铸"七字，左胁下有"山东李云

沧州铁狮子，沧州市东南旧州城

造"五字，腹内有隶书《金刚经》文，头内有"窦田、郭宝玉"字。

铁狮子属泥范明浇法铸造，即先用泥塑雏形，再在雏形上附泥印出外范，然后把雏形刮去一层，留下泥芯，再将外范拼合，然后群炉浇铸，最后清除泥范。铁狮子的外范范块一般为 25 厘米 × 45 厘米左右的长方形，外范共用 500 多块。铸造材料为生铁，冶铁以木炭为燃料。其铸造工艺复杂，技术精湛，世界罕见。铁狮子体型巨大，造型逼真，气势磅礴，是古代铁铸工艺的一大珍品。

在华夏地域的狮子艺术造型中，由于寺庙、祠堂、官署、道观与达官贵人的府邸等建筑中最引人瞩目的都是那种守护型的蹲狮，所以人们对蹲狮比较熟悉，然而蹲狮是一种被狗化的狮子形象，已经失去了草原雄狮应有的那种气度与威风。

在狮子的艺术形象中，走狮的写实程度远远高于蹲狮，最能代表雄狮那种沉稳从容、纵横草原大地的王者风度。

艺术创作中走狮的最早经典图像，我们可以从新巴比伦艺术家所创作的写实作品"步行的狮子"中观其详情。

公元前 621 年亚述帝国被迦勒底人和巴比伦人所灭，巴比伦人又

步行的狮子，彩釉炼瓦，新巴比伦城伊斯达尔门

建立了新巴比伦王国。新巴比伦共经历了 10 代国王，成为西亚地区最大的政治、文化、贸易和手工业中心。这一时期的美术成就集中体现在巴比伦城的建筑上。巴比伦城是古代世界最伟大的城市之一，它是一座正方形的城市，周长 11 英里，幼发拉底河从城中穿过。它的主城门是伊斯达尔门，是巴比伦城中最完整的建筑。这座城门有前后两道门、四座望楼，大门墙上覆盖着彩色的琉璃砖：蓝色的背景上用黄色、褐色、黑色镶嵌着狮子、公牛和神兽浮雕，黄褐色的浮雕和蓝色的背景构成鲜明的对比，具有强烈的装饰效果。

"步行的狮子"就是新巴比伦伊斯达尔门的彩釉炼瓦浮雕，高 105 厘米，长 227 厘米，创作于公元前 580 年。这是一头昂首阔步前行的狮子，它鬃毛飞扬，张嘴露齿，尾巴自然向后翘起，似乎正处于搜寻猎物、低声吼叫的状态。鲜艳而明亮的黄色鬃毛、锐利的白色牙齿、肌肉条条凸起的四腿、厚重结实的足爪及绒球般昂扬的尾端，都使得这件浮雕狮子作品生动形象，气势逼人。

当然，同样造型的走狮在更早的时代也有发现，如出土于伊拉克北部新亚述时期（前 883—前 859）伊斯塔神庙入口处的守护狮子也是走狮图像的杰出作品。其整体造型同新巴比伦伊斯达尔门的彩釉炼瓦浮雕"步行的狮子"惊人的一致，洋溢着浓厚的自然主义风格。在表现生命本身的尊严与美方面，这显然是那些神秘主义意旨下所塑造的神兽类狮子无法比拟的。

这种气度雍容、有王者气度的走狮形象，在公元前 3 世纪的阿育王树立的双狮法轮石柱柱头

伊斯塔神庙入口守护狮子，大英博物馆

也可以见到，在两个法轮之间，雕刻了尾巴上扬的走狮，浮雕的狮子腿部肌肉块块绽起，巨大的爪子坚实有力。

这样高度写实的走狮形象，随着狮子图像的东传华夏，其写实的成分被不断稀释，而想象或理想的成分则逐步增加。这一点从东汉墓前石走狮到南朝陵墓前神道石狮的逐渐变化中可以看出来。

四川芦山东汉石刻馆藏东汉杨君墓前石狮是东汉时期典型的走狮，其尾巴虽然残断，但其张嘴露齿的神态、昂首阔步前行的动感和厚重结实的足爪，与伊斯达尔门"步行的狮子"如出一辙。

河南省洛阳市博物馆藏河南洛阳孙旗屯东汉墓前石狮是翼狮，整个体型与行走的动感，同伊斯达尔门"步行的狮子"接近，但是颌下的胡须与头部的变化，则透露出创作者的意图，并不准备将之表现为一个实存的动物，而是似是而非的神兽。按宋岚在《中国狮子图像的渊源探究》中的描述，该石狮形体基本没有脱离动物的原型，其动态亦有狼、狗等兽类动物的姿势，昂首，张口挺胸，臀部高耸，肩刻双翼，前腿向前做行进状，四肢距离拉开加大。

石狮身上的装饰是在写实基础上进行修饰。石狮的动态结构表现得较写实，尤

阿育王树立的双狮法轮石柱上的走狮，拉合尔博物馆

石狮，东汉杨君墓，四川芦山东汉石刻馆

石狮，河南洛阳孙旗屯东汉墓，洛阳市博物馆

石狮，东汉，陕西省碑林博物馆

其是关节转折处，骨骼定位清晰明确，基本以动物造型本体为准。整体造型外轮廓呈三条大影线，头颈至脊背再到尾部基本为直线，尾部为直角转折，石兽造型显示出刚劲有力的动势。

同类的作品还有陕西省碑林博物馆所藏的东汉石狮，尤其是对尾巴、腹背和四肢及足爪的表现，写实程度较高，行走的动感很强，很容易让人产生狮子正神定气闲地在苍茫大地上步行的感觉。

而四川雅安东汉高颐墓前石狮，据观察应属来自古代西亚地区的走狮图像到华夏后发生变化的一个典型标本。

四川雅安高颐墓前二石狮，雕刻于东汉建安十四年（209），现藏雅安汉阙博物馆。双狮子左面一尊高156厘米，长180厘米；右面一尊高155厘米，长175厘米。整体造型为昂首，双角，张口挺胸，臀部高耸，肩刻双翼，前腿向前做行进状。较之陕西及洛阳遗存的石狮，形象更趋饱满健壮，写实成分减弱，理想成分加强。狮身有双翼，下颌鬣须呈浮雕状紧贴颈部，中间无镂空，两腮鬣须一样平均排比为四层。整体造型饱满，圆中有方。

如果将南朝时期帝王陵前的带翼的麒麟、辟邪等与东汉墓前的带翼狮子相比，就会发现南朝时期这些步行狮子身的神兽变形是如此剧烈，那肥硕的体型、臃肿的步态与夸张的头部，已经完全就是理想化和艺术化造型。虽然爪足部的塑造和体形的基本线条同伊斯达尔门"步行的狮子"有相似之处，但却已经很难找到作为动物的那种刚健、雍容的狮子王气度。

如南朝齐萧承之永安陵神道东侧麒麟就是这样的典型作品，它高314厘米，长305厘米，现存于江苏省丹阳市胡桥乡狮子湾。萧承之为齐高帝萧道成之父，卒于刘宋元嘉二十四年（447）。萧道成即帝位后，于建元元年（479）追尊乃父为宣皇帝，表其墓为永安陵。现存神道石兽二尊。此为东侧麒麟。

这样的造型，虽然因为其雕饰的繁复和造型的庞大怪异而显现了南朝时代所理解的皇家气度。但是，在巨大的体形包裹下，肥硕柔媚与无骨多肉则昭示了这个时代的文化特征，狮子本应具备的刚毅、勇猛、沉静、不可战胜的诸多气质特征，则被全部抛弃，所剩下的只是让后人也无法解读和颇感迷惑的一种怪异风格。

南朝帝王陵前的守护石兽，根据其有角、无角、单角、双角等特征，被赋予不同称呼或名称，或称麒麟或称辟邪，都是一种具有狮子身体或形象的狮子化神兽，但是其间的混乱也是显而易见的。总体来讲，大多是狮子化的神兽，其造型源自狮

麒麟，萧承之永安陵神道东侧，江苏省丹阳市胡桥乡狮子湾

子，很多学者也将之放入狮子图像来考察。

虽然南朝的狮子化神兽或神兽化的狮子已经没有了西亚等地走狮的王者气度，但是这一时期却是华夏走狮造型最为显赫的时期。走狮数量多、体型大、所处的位置规格高，是皇陵的守护者。

从东汉 220 年灭亡直至 422 年南朝刘宋王朝建立，在这 200 年的时间里，魏晋时期实行薄葬政策，直到南朝宋武帝刘裕才开始重新恢复陵前设置神道石刻的陵寝建制。据宋岚在《中国狮子图像的渊源探究》一文中的统计，南朝陵墓神道前石狮共 20 处 38 件。其中帝陵前石狮 13 处 25 件，南京 2 件，江宁 4 件，丹阳 19 件；王侯墓前石狮 7 处 13 件，其中南京 10 件，江宁 1 件，句容 2 件。南朝陵墓神道前石狮的设置为一对，造型趋于一致，帝陵前的石狮带角，有双角和单角之分，形体较为秀美；王侯墓前的石狮无角，形体较为丰满。

到了唐代，虽然蹲狮已经成为狮子造型中的主角，但是由于唐人对于狮子有了较多的理解，所以唐代的为数不多的大型走狮，其写实性要比南朝更为准确。

唐代陵墓雕刻规模宏大，气势宏伟，无论是从石刻的种类、造型，还是雕刻技术来看，都象征着唐代社会经济文化艺术的繁荣盛世。顺陵走狮是唐代也

走狮，唐顺陵，陕西咸阳

是中国古代陵墓雕刻的杰出代表。走狮整体高 3.55 米，长 4.45 米，气势雄迈。狮子昂首挺胸，呈阔步缓行姿态，作前进状。整体造型浑圆大气，体态饱满，呈团块结构，雕刻手法洗练简洁。公狮张口而母狮

闭口，两狮鬃毛雕刻形状有明显不同，表现出传统社会男尊女卑、各司其职的特性。

较之东汉、南朝石狮，唐顺陵石狮的特征主要表现为正面高大崇高的形体意识。这不仅体现在形体的尺寸上，也体现在正面外轮廓基本呈稳步向上耸起的近于对称的造型，形成坚实有力的视觉感受。

隋唐以后蹲狮的盛行，与佛教的传播有密切关系，源自秣菟罗的佛教造像往往在佛的法座两侧或台基下雕有两尊蹲守的护法狮子。这种佛座，应该具有两层意思：一是表达佛陀所坐之座为狮子座，一是表达狮子护法之意。所以随着佛教的中国化，这样两两相对的蹲狮就成为寺庙、官署、达官贵人府邸门口左右相对蹲守的主要护佑者。

当然，佛教造像中偶尔也会有特例，即佛陀或菩萨座下不是蹲狮而是走狮，但这样的雕刻品极为罕见。就作者本人目力所及，似乎只有河北曲阳出土的一尊白石双思惟菩萨像是这样的。

这件白石双思惟菩萨像是北齐时期的作品，残高 58 厘米。准确地说，这只是两尊立狮，虽然它们是狮子侧面甩尾、扬头的写实作品，但是从其步态来看，狮子四足并立，并没有前行的意思，只是站着而不是蹲着守护在菩萨座下。所以严格地说，这也不能称之为走狮，但是在数量众多的蹲狮作品群中，这样的完全站立的狮

白石双思惟菩萨像，故宫博物院

《宁玛派祖师》狮子座中狮子形象，明代布本设色唐卡，私人藏品

子造像在佛教造像的狮子座中已经非常罕见了。

不过在藏传佛教的唐卡作品的狮子座中，还是偶尔可以见到立狮或走狮的形象。如在一幅私人收藏的明代布本设色唐卡《宁玛派祖师》中，狮子座中的白狮子就是走狮形象，但是其整个造型还是从可爱、顽皮的角度来表现。

虽然我们可以从2500多年前新巴比伦伊斯达尔门的走狮图像和2300多年前阿育王石柱上找到流传华夏的走狮图像源头，但是流传过程中的变化与具体的文化背景却不会这么简单，也不会是单纯直线式的发展。如南朝时期那些变形夸张的狮子化的陵墓石兽，同东汉时期的墓前石狮及唐代顺陵石狮，所受到的文化影响显然是有所差别的。在春秋战国时期，华夏本土就有类似的有翼神兽，所以东汉到南朝的带翼的陵墓前的走狮形象，应该是中西文化结合的产物。

很明显的一个线索是，东汉时期的石狮子在模仿巴比伦风格的西域走狮方面基本是循实的，所以变形不是很大；南北朝时期完全进入神化阶段，变形剧烈；唐代由于接触真狮子较多，再加上同西域的充分交流，所以狮子造型明显进入一个高度写实阶段；而铸造于后周时期的沧州铁狮更是走狮写实的典型作品，栩栩如生地刻画了动物狮子的王者气度。

二 翼狮：不可战胜的保护神

给狮子安上翅膀，这是古人在神话和艺术形象中完成的最具想象力的工作，也是个最失败的工作——因为狮子飞不起来。对此，狮子没有表示反对的权利，因为带翅膀的狮子图像已经多被改造得不像狮子了。

我们把传统图样中带翅膀的狮子称作翼狮，翼狮也是狮子，但不是一般的狮子，是人造出来的神狮子。狮子本来就是凶猛的、不容易战胜的大型猛兽，再为它加上翅膀，那就更是不可制服、不可战胜了。

对生活在大草原和森林边缘的一般平民而言，不会有人想到为威胁其生活的狮子加上翅膀。为狮子加上翅膀的人，就是想用这种创造出来的怪兽吓唬、威吓一般平民的统治者。所以"翼狮"是典型的人造出来的、专门用来发挥吓唬功能的狮子。

据研究，翼狮和狮身人面像作为一种创造出来的神兽，其最早源头可以追溯到古埃及和近东，它们总是成对地出现在墓室的入口，作为保护神而存在。如这尊创作于公元前 550 年意大利中西部古国伊特鲁里亚时期的翼狮，就是一个典型代表，其巨大的翅膀如粗大的缆绳一般，翻卷挺立在背上，只能看作一个表示其神力的符号，而看不出任何可以用来飞翔的能力——可见，古代艺术家

有翼狮子，石雕，大都会艺术博物馆

在创作这种翼狮的时候，根本就没有打算赋予它飞的功能。

因而，翼狮是飞不起来的，目前所见的翼狮造型中，没有哪个翼狮是飞在空中的，至多是抬起上半身装作要飞的样子。庞大的体魄与肥硕的脑袋不适合于飞翔是显而易见的，所以在西方艺术造型中，飞得最自然的是体型很小的、长翅膀的小天使；而佛教的飞仙中，早期的飞天虽然也有了飘带，但因为人体尤其是双腿的不适于飘荡而被塑造得非常笨拙，甘肃金塔寺北凉时期的泥塑圆雕飞天就是这方面最典型的例子。南北朝以后才改进为用修长而多段的飘带在风中的飘动形象，将体型极度苗条化的飞天仙女承托在天空中；到隋唐时期绘画或雕塑技艺更加娴熟，尤其是绘画中繁复环曲的飘带衬托下的飞天算是有了强烈飞动之意。

但是，带翅膀的狮子始终没找到合适的表达方式飞翔在空中，那个可怜的翅膀只能作为一个符号存在，谁也无法想象那样的呆板僵硬得无以复加的翅膀能飞翔。狮子图像传入华夏大地之后，翼狮图像迅速衰亡，应该同翼狮翅膀的"百无一用"密切相关。

在中国的春秋时代，华夏本土文化中就存在接近"虎化"的有翼神兽造型，东汉以后出现的"狮化"的有翼神兽，显然是吸收了来自西亚等地狮子文化的因素所致。

在中亚及以西地区，翼狮的最早源头应该是在古埃及，古埃及神话中的斯芬克斯是长有翅膀的怪兽，它有三种形象：人面狮身、羊头狮身和鹰头狮身。

古埃及的斯芬克斯是仁慈而高贵的神，而鹰头狮身的斯芬克斯更是被作为埃及王室权威和力量的象征。亚述人和波斯人将斯芬克斯描述成长有翅膀的公牛形象，希腊神话中则变为一个邪恶之神，如现藏雅典博物馆的这尊斯芬克斯，就是人面狮身斯芬克斯的晚期精品。

当然，最著名的要数埃及胡夫金字塔前的狮身人面像了。斯芬克斯形象通过埃及向东传播，而两河流域也在公元前2000年之前就产生了另一种有翼神兽格里芬，并以西亚为中心向周边地区传播。因而，欧亚地区广泛流传的狮身有翼神兽，应该是斯芬克斯与格里芬混合影响下的一种神兽文化。如果再加上中国本土的有翼神兽形象，那么有翼神兽的起源与流传其实是比较复杂的。

斯芬克斯，石雕，雅典博物馆

就中国自东汉以来的有翼狮子的造型来看，可以分成两个系统：一是守护陵墓的有翼狮子神兽；二是佛教传播中出现在佛教建筑和造像中的有翼狮子形象。我们先来看看守护陵墓的有翼狮子神兽。

翼狮从东汉到南北朝时期比较盛行，隋唐以后衰落。东汉时期的翼狮代表作有河南洛阳孙旗屯墓前石狮、四川雅安高颐墓前石狮。

河南洛阳孙旗屯东汉墓前石狮的双翼整体以浮雕形式凸起，羽毛刻画写实，翅翼分四层，呈直线延伸依次排列，翼尖以圆形收尾。尾部羽毛与肩部形式相同，分四缕一层层贴于尾部顺势而下。

四川雅安高颐墓前翼狮，雕凿于东汉建安十四年（209），身有双

翼狮，四川雅安高颐墓，雅安汉阙博物馆

南朝初宁陵墓前石兽羽翼

斯芬克斯残体，大都会艺术博物馆

翼，为两层重叠，每层为四羽，羽毛呈圆头收尾，羽部没有具体纹饰，较为简朴。上翅一条向后延伸的长羽，随身体弯曲，圆头收尾，均无装饰纹样。下颌鬣须呈浮雕状紧贴颈部，中间无镂空，两腮鬣须一样平均排比为四层。整体造型饱满，圆中有方。

南朝帝王陵墓前神道两侧的翼狮类神兽，则身形肥大、体态臃肿，两翼完全就是装饰性符号，丝毫不能令人产生会飞动的感觉。

章孔畅先生在《南朝陵墓石刻渊源与传流研究》中细致地比较了南朝陵墓石刻翼狮的双翼与希腊雅典斯芬克斯造像双翼的细节。可以明显看出，南朝帝王陵墓狮身神兽的双翼完全就是希腊雅典斯芬克斯双翼的翻版，这说明中国陵墓狮身带翼神兽受到了西亚、希腊文化的深刻影响。

下面我们再看看出现在佛教建筑和造像中的有翼狮子形象。

中国佛教艺术作品中的翼狮形象非常少，很难找到，这说明翼狮并不受佛教艺术品创作者的欢迎。其中的原因，可能跟翼狮所携带的其他信仰或神话的信息太多有关。我们在中国古代的佛教造像中找到的带翼的狮子形象，只有以下这件。在龙门石窟第1443窟"古阳洞"之北壁第264龛两尊"一佛四弟子"造像中，最左侧的这头狮子左爪向上举起，右肩有略弯的平翼，如刀片般向上方翘起。这两尊造像，

狮子座，龙门石窟第1443窟"古阳洞"之北壁第161龛"交脚菩萨"

是"黑瓮生为亡妻造"，至于为什么在这里很突兀地出现一个翼狮，也许是雕刻家一时兴起，创作了这样一个仿古之作——佛陀法座上雕刻有翼狮子，这只有在1世纪的秣菟罗造像中才有很少量的作品。

追本溯源，最早最典型的佛教艺术品中有翼狮子造像，来自古印度的山奇大塔。山奇大塔位于印度中部城市博帕尔附近的山奇，山奇塔有3座，其中最大的一座被称为山奇大塔，塔身直径达36.6米，中央塔顶高16.5米，地面栏高度为3.2米，四座塔门的高度为10.7米。山奇大塔约始建于公元前2世纪的阿育王时代，其后又在巽伽王朝时代被不断增建，达到了今天的规模。

在山奇大塔东门第三道横梁凸梁、西门第一横梁凸梁、西门南柱正面等都有各种组合的有翼飞狮。我们在这里选取了东门正面第二道横梁凸梁上的一组三头有翼飞狮作为典型。

这组三头翼狮肥硕臃肿，两头侧向相背而卧，中间一头正面伸爪趴在两头狮子背上。它们的双翼呈一角略弯的正三角形贴在双肩之

有翼飞狮，印度山奇大塔东门正面第二道横梁凸梁 L3、L4

上，翼根大部被刻画成网格状的菱形纹样，翼梢略略卷起的部分被刻画成绳索一样的长条形纹饰，呈半扇形分布。

此后，在公元1世纪的秣菟罗造像中，有少量的有翼狮子形象出现在佛陀的法座上。赵玲在其著作《印度秣菟罗早期佛教造像研究》中发布了以下三种比较典型的此类造像。

这是一尊没有纪年的秣菟罗地区释迦牟尼佛本尊雕像，造像仅剩残破的狮子座和菩萨的双腿和一只脚，脚底朝外，上面刻有法轮。左手平放在大腿上，佛陀衣服底边的皱褶被刻画成绳索似的一道道圆柱形。狮子座上，残存一个供养人和一头翼狮，翼狮很僵直地挺起身子，用肩膀顶住台座，翅膀如一道打卷的麻花状缆绳，向上卷起，显得很不自然。显然，台座上左右各有一尊这样的有翼狮子。

释迦牟尼本尊雕像，秣菟罗博物馆

第二尊现藏秣菟罗博物馆，刻铭表明是迦腻色迦王8年作品，大约是公元80年左右的作品。佛像仅存下半身衣纹，台座中央安置着法轮和三宝印，两侧各排列两个手持花蔓的人，两端是有翼的狮子，左右起立挺起肩膀呈

现扛起佛座的姿势。那
个翅膀的塑造更为简
单，呈平面直板的一条
先后卷起，完全就是毫
无生命特征的一种符号
安插。可见，在创作者
看来，狮子的这个翅膀
已经脱离了自然界动物
翅膀的功能，很难看作
生命体的一部分了。

斯芬克斯，赤陶，大都会艺术博物馆

　　这样的翅膀，在公
元前的西亚神兽造像中就出现了，如出土于西亚古代名城吕底亚赤陶
斯芬克斯像，是约公元前600年的作品。这个狮子身躯的斯芬克斯的翅
膀就是这样造型的。

　　类似这样的耸起肩膀扛起佛座的有翼狮子造型，在1世纪的秣菟
罗作品中应该也是比较常见的，如现藏于美国金贝儿美术馆的迦腻色
迦王四年（82）的佛陀造像中，完整的台基两侧，是两头有翼狮子抬

佛陀造像，金贝儿美术馆

起肩膀使劲扛着台座的造型。

可是这样由带翼狮子挺身抬起佛陀法座造型的造像，在古代中国的造像中却难觅其踪。这种情况表明，带翼的狮子在佛教造像中并不被重视，随着佛教的传播与发展逐渐消亡。

在隋唐时期的一些具有异域风格的器物装饰中，也往往会有非常精美的翼狮图样，但这些器物往往同萨珊波斯等西域国家有非常密切的联系。

如现藏于陕西历史博物馆的唐代"鎏金飞狮纹银盒"就很典型。

这个精美的"鎏金飞狮纹银盒"于1970年10月出土于陕西省西安市南郊何家村基建工地的唐代窖藏。高5.6厘米，直径12.9厘米，重425克。银盒为圆形，盒盖与底面稍稍隆起，中部平坦，上下以子母口相扣合。银盒捶打成型后，又经切削、打磨处理，修正得圆润、光滑。盒内面有清晰的旋切留下的刀纹，间距仅1毫米。纹饰以鱼子纹为底，盖面在麦穗纹圆形框架中，錾刻出一只张动鬣毛、飞扬双翼的狮子，周围绕以6朵宝相花组成的折枝花。盖底中心，錾刻一朵六瓣团花，绕以六出石榴花结。盒沿则錾刻出六组形态各异的飞禽走兽，间以折枝花草。纹饰全部鎏金，黄白映辉，熠熠夺目。

鎏金飞狮纹银盒，陕西历史博物馆

萨珊和粟特的金银器上的动物，多为想象出的带有双翼的神异形象，并在周围加一麦穗纹圆框，学者称其为"徽章式纹样"。

这件银盒上飞狮纹构图显然是接受了萨珊艺术的影响。银盒不仅用来盛装丹药，也用

翼狮，铜饰片，伊朗哈马丹出土

来盛放贵重的化妆品，口脂、面药、衣香、澡豆是唐代贵族喜用的美容化妆品，每逢腊日，皇帝便将金银盒及化妆品分赐将相大臣。张九龄在《为郭令公谢腊日赐香药表》里，就提到有"金花银盒子两枚、面脂一盒"。

　　无论雕刻在什么地方，这些带翼的狮子都是飞不起来的，所以它们看起来倒是常呈走的样态，如伊朗哈马丹出土铜饰片上的一列翼狮，就像是在排队漫步的样子，这是公元前6—前4世纪的作品。

　　翼狮作为人类创造的神狮子的形象，不但在古代亚洲的神灵信仰和佛教中存在，即使是基督教也没有忘记借用它的奇异形象来作为自己的神物。在基督教中，带翼的狮子也是圣徒和天使的象征。小天使丘比特骑狮子的艺术作品就很多，而带翼的狮子也是《马可福音》的作者圣马可的象征。如这块11世纪德国科隆的象牙板中，圣马可正在撰著《马可福音》，在象牙板的上方，一头翼狮正张开像天鹅一样的大翅膀，似乎准备飞翔。狮子一个前爪握着一卷书轴，另一个前爪则按在圣马可头顶上。代表圣马可的翼狮，也是威尼斯的城徽。

圣马克与他的象征狮子，象牙板雕，大都会艺术博物馆

第三章

狮子：物种、神兽与吉祥物

狮子不仅仅是一种动物，而且是一个覆盖欧亚大陆的文化符号。狮子是人们心中的神兽，它们守护的，要么是万能的神的旨意，要么就是佛陀的无边法力。然而对芸芸众生来讲，平安稳定的生活才是人生最现实的要求，狮子到底是凶猛的动物还是遥不可及的神兽都不重要，重要的是可以将狮子的形象拿来为我所用，成为寻常百姓家的吉祥物——可以镇宅，可以守福——这才是狮子文化在中国传统文化中花样百出且具有生命力的关键所在。

一

从神兽到吉祥物

对万物生息的自然来讲，狮子仅仅是一种大型猛兽。然而对人类的文化体系而言，狮子则是一种符号。

当帝王们需要展示强权与残忍的时候，它的图像就是帝王的宝座、帝王的面目和帝王的象征；当将军们需要奋战沙场时，狮子又可以是铠甲上的威风、刀锋前的冷峻和盾牌上的胆气；当在冰冷的自然法则和统治强权下微弱生存的芸芸众生们需要心理安慰时，狮子图像又被想象成辟邪吉祥的守护神。

当我们审视在不同的历史时空里被艺术家们创作出来的、发挥各种不同功能的狮子图像时，就会惊讶得嘴巴都合不拢，因为差别实在是太大了，不是太萌，就是太猛。

先看看法国动物学家米歇尔·丹尼斯·于洛为我们拍摄的非洲雄狮的王者之相吧。

在酷热的非洲草原上，这头鬃毛厚重、迎风飞扬的狮子王被定格在那片刻的宁静与深沉中，若有所思地放眼远眺，它在看什么呢？紧闭的嘴巴、深邃的目光和昂然的气势，将狮子王的王者气度表现得淋漓尽致。

像这样在野外生存的狮子的图像，能将其自然状态下的瞬间动作与表情定格在画笔或镜头下，没有长期的同野生狮子朝夕相处的经历

远望的狮子

和观察，是不可能做到的。我们今天可以见到的中国古代人对于狮子的图像描绘，大多都是想象化的，有一部分虽然也是来自对真狮子的描摹，但是由于被观察或描摹的对象是进贡而来养在皇家苑囿中的狮子，自然就少了那种野生狮子的气质与神情，所以现存的元明清时期的一些宫廷画家的写真作品，狮子都是那种体态松弛、萎靡不振的样子。

狮子舞纹，唐代织锦

不过一些流传下来的唐代时期的艺术家的狮子形象作品，则是在观察野生狮子的基础上创作出来的，因为它将野生狮子的瞬间动作很逼真地用画笔定格了下来。如这幅被定名为"狮子舞纹"的唐代织锦上的狮子图案，就是一头立起身子准备搏斗的狮子的画面。

如果我们把这幅在花丛中张牙舞爪的狮子的形象同今天的动物学家拍摄下来的野生非洲狮打斗的瞬间做个对比，就会发现创作这幅"狮子舞纹"图样的唐代艺术家对于野生狮子的生存状态具有相当程度的了解，从而也可以判断，这样的纹样，可能并不是本土艺术家的作品，而是来自西亚或中亚的亚洲狮栖息地的艺术家的创作，否则不会有机会观察到野生狮子的这种瞬间动作姿势。

打斗中的狮子

对于狮子之凶猛与力量的表现，是古代狮子栖息地的艺术作品的一个主旨，因为这是最能表现强权与暴力的一种符号。其基本构图，一种是表现大型猛兽之间的对抗，另一种则是表现力士、英雄或国王制服狮子的场景。当然，其中有很多是臆想出来的场景。

狮子与野牛搏斗的构图在古代的欧亚大陆是司空见惯的主题，还有一种是狮子与野猪对抗的场面。这块雅典时期的雕像基座上，就浮雕着一头凶猛的狮子与野猪对峙的画面。野猪鬃毛直立、獠牙勾曲，双目圆瞪，四肢劲蹬，一副低首猛冲的样子；狮子图像虽残，但鬣毛

蓬张、巨口咆哮，前爪遒劲按地，正准备一跃而起，征服野猪。这幅浮雕充满了极度的张力，将野猪狮子这两种体型巨大的野兽即将撕咬、搏斗的跃起瞬间定格了下来。

国王与狮子对抗并征服狮子的图像，在萨珊波斯时期以狮子主题的艺术品中比较常见，这些画面中，国王总是被描摹得英勇无比，而狮子则被

或多或少地置于"可怜虫"的位置。如这个萨珊时期的银盘就是个典型例证，这是公元5世纪的作品。画面中，波斯国王身穿铠甲和类似豹皮的战裤，腰间佩着一把长剑，他的左右手各持短剑，分别插入两头狮子的颅顶，脚下还踩着一头奄奄一息的狮子。一身搏三狮，有这样勇敢的国王吗？显然没有，这只是一个象征，象征波斯王的战无不胜和不可侵犯。

狮子头的埃及女神塞赫亚特，图坦卡蒙墓室出土

在有狮子生存的西亚等古代地区，不但国王们被很幸运地描绘成狮子或战胜狮子的人，而且他们的神也往往被描绘成狮子。如古埃及的女神塞赫亚特就被表现成一头蓝鼻头的狮子，这是图坦卡蒙墓室出土的埃及第十八王朝的作品。

对于狮子与神的关系方面，古代的埃及人显然是最大胆、最具想象力的天才，他们要么是硬生生地将狮子的头安在神的脖子上，要么就是将神的脑袋安在狮子的身体上。总之，目的是要达到威震凡人的效果。

狮子头女神瓦杰特就是其中的典型，她是下埃及王朝的守护神。托勒密王朝后期的这尊雕像展示了女神略显拘谨的形象。古埃及的艺术家们以中规中矩的塑造神的手法，展现了这位女神神情沉静、目不斜视地行走的样子。标准的美女身材、机械式下垂的双臂和修长的手指，再配上一副狮子的脑袋和眼镜蛇的头冠，人类眼中的性征之美与心中的力量象征完美地嫁接在一起，表达了掌权者的渴望。

狮子头女神瓦杰特雕像

亚述王宫人身狮头守护神，浮雕，大英博物馆

狮身人面的图图神，石雕，大都会艺术博物馆

与女神瓦杰特相比，古代亚述人的保护神就显得有些张牙舞爪，如这幅守护在亚述王宫门口的人身狮头的守护神，就是手持利刃、狮面獠牙的战斗状态。这是大约公元前645—前635年之间的浮雕作品。狮头上还长有牛角。严格地说，这种头像可能已经不是狮子，而是一种各类凶恶动物元素拼凑成的集合体了，这就是古代那些原始宗教体系里面的神，是只能祈求而无法交流的对象。

狮子脑袋安在人的身体上的这种造型，在气质与神态上更接近于狮子，直观威慑力非常强烈。而那些狮子身加人头的神像，则由于五官的奇妙表达效果，使之在观感上更接近于人，其中一些造像甚至显得非常可爱，那是一种通过眼神与气质似乎可以同人交流的神像。

著名的狮身人面像是人的脑袋安到狮子身体上的神像杰作，而图图神（Tutu）更是这方面的经典创作。在埃及神系中，图图是智慧与战争女神内斯（Neith）的儿子，如这尊创作于公元前300—前150年之间的图图的神像，面部看起来是一个俊美的青年，其实他的神格很复杂，既是一个神力超强的胜利之神，也是一个神圣的王者，又是一个可怕的恶魔。这种

斯芬克斯，浮雕，印度本地治里市附近的印度教寺庙

被俗称为斯芬克斯的神像，虽然有狮子的身体，但是已经没有狮子的那种威猛刚烈气质。在印度大陆的印度教神庙的走廊、门口也常能见到这种模样的可爱造型，如印度的本地治里市附近的一座印度教寺庙中的这尊斯芬克斯浮雕，大约是公元1000年左右的作品，整体肥硕圆润，面带微笑，头戴宝冠，项饰珠链，举爪甩尾，显得活泼生动、顽皮可爱。

这种用狮身或狮头创造出来的神的形象，并没有随着狮子文化的东传而在中国文化中扎下根来。中国文化中的狮子图像，无论是在陵墓的神道两侧，还是寺庙官衙的门口，自然都是具有辟邪与守护功能的神兽，但已经不是古埃及或萨珊波斯文化中那种具有复杂神格的神，没有那么多的寓意了，在民间文化中，狮子图像甚至就是一个可以看家护院的大狗而已。

因而，完全中国化的神兽狮子，既没有那种怪异神秘的造型，也没有那种凶狠暴力的神态，至多是看起来有威严感。尤其是佛教艺术中的狮子和民间狮子造型，大多顽皮可爱、憨态可掬，是一种吉祥的图案。如中国丝绸博物馆所藏的唐代"立狮宝花纹锦"中的立狮，就

立狮宝花纹锦，中国丝绸博物馆

是这样典型的吉祥狮子。

此件织锦只有蓝、白两种颜色，但是图案极其华丽。织锦以大窠宝花花卉为环，环中是一站立的狮子，环外也饰以宝花花卉纹。这件织锦时代在盛唐之际的8—9世纪。团窠环中的狮子，双耳直立，头鬃卷曲，躯体肉丰骨劲，健硕丰满，狮尾上翘，浑身充满力量和活力。

团窠图案是指环状纹样带形成的圆形区域中设置主题纹样的形式，是丝绸图案中一种常见排列方式，这类主题纹样大多是动物。最先出现的团窠图案应是连珠纹团窠，出现于5—6世纪，是中亚丝绸图案的主要排列样式之一。随后联珠纹锦传入中国，并广为流传。到了唐代初期，符合中国审美的花卉环代替联珠环，与动物纹样结合，形成了新的团窠图样。花环团窠图样出现于初唐，盛行于盛唐，晚唐仍然流行。

宝花图案原本是简单的四瓣小花，隋唐之交时，瓣式小花变得丰满，花瓣的轮廓更为细腻，层次也较多，与四瓣小花截然不同，此时也就有了宝花的名称。宝花在其发展过程中，吸收了多种花卉纹样题材，牡丹、莲花、忍冬、卷草、葡萄、石榴等要素在宝花中均能找到，因此宝花没有单一纯粹的花卉原型，而成为一种综合了各种花卉要素的想象性图案。此件织锦图案中的宝花团窠环中的宝花，大花阔叶，肥厚繁茂，有的叶与花儿几乎成为一体，不易分辨。花卉图案已具有写实风格，总体造型如牡丹，而花蕾如莲蓬。

考古发现的另一件唐代的鎏金银盘上的狮子纹样，也是花团锦簇，中间的狮子坐在花丛中，尾巴像拂尘一样迎风飘扬，神态可爱。

在这样美丽的花团锦簇中活泼扬尾的狮子造像，带给人们的自然也是阳光、活力和吉祥如意的感觉。这样令人产生爱怜之意、亲切之感的狮子图像，我们还能找出好多例证和样本。

榆林窟 25 窟中，中唐时期绘制的佛陀狮子座上，中间的一头狮子正面蹲立，狮子坚实的胸脯、强壮的四肢、卷曲茂盛的鬃毛、有神的双目、漂亮的眉毛，还有那被夸张性地描绘出来的 U 形的口部和排列整齐的牙齿，共同构成了一副笑狮子的图像。

在中国民间，吉祥狮子的造型不论如何千变万化，但是其可爱、顽皮与活泼的主体风格是不变的。如下面大约是 17 世纪的藏式风格的鎏金着色的浮雕狮子铜像，虽然牙齿尖利、头颅庞大，

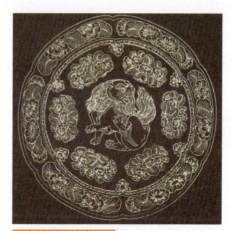

狮纹，唐代鎏金银盘

狮子座上的正面狮子，榆林窟 25 窟

藏式鎏金着色浮雕狮子，铜像

透露出一种不言自威的狮子王霸气，但是那种肥硕的身躯、翘起的尾巴和眼中露出的淳朴稚气，则洋溢着顽皮、轻松的气息。

显然，对于狮子造像的这种吉祥化趋向，是完全跟自然狮子的形象背离的，不仅仅是将狮子神态由凶猛向可爱转化，而且随着狮子造像的不同功能又有着不同的塑造原则。如守护大门口的蹲狮，其最引人瞩目的就是狮子头，所谓"十斤狮子九斤头"，头同身子的比例是严重失调的。

文殊菩萨狮子座，木雕，日本

但是，把狮子当作坐骑的时候，就对狮子的身体比例提出了较高的要求，那就是神骑在狮子背上的时候，狮子既要威猛，也要有可爱的亲近感，更要能支撑起神的身躯来，这要求狮子的身躯必须粗壮有力。典型的是佛教造像中文殊菩萨的坐骑狮子，其头同身体的比例其实更接近于马的比例，最明显的是一些塑像中狮子的尾巴往往就被塑造成马尾一样。这种用马的特征与比例来塑造狮子的做法，也影响到了日本等东亚国家的同类艺术品，如这尊日本16世纪的文殊菩萨狮子座木雕造像，就是这样的典型标本。

作为吉祥装饰图样的狮子，在中国传统建筑装饰和器物装饰中花样繁多，千姿百态，其材质有石雕、砖刻、木雕、彩绘。如这铺在山西地区的古建筑宅院的影壁上的狮子，就是分块烧制出来的砖雕，这样拼接出来的图案面积大，但又不失生动活泼。尤其是狮子的头部极其夸张，双眼炯炯有神，口大面阔，既具威严之相，又不失可爱之态。

山西明清时期的大宅院窗户上的莲花与狮子的装饰图案更是相得益彰，吉祥如意，生动活泼。

而江苏苏州吴中区古建筑上门楼垂柱上有雕罗汉与小狮，罗汉为寒山与拾得。寒山与拾得两位大师，是佛教史上著名的诗僧，是唐代天台山国清寺高僧，相传是文殊菩萨与普贤菩萨的化身。寒山拾得后被人们传说成理想中的"和合二仙"。传

狮子与莲花，山西大院明清住宅上的窗户装饰

说他们手持的物品，那荷花是并蒂莲的意思，盒子是象征好合的意思，都是幸福美满、吉祥如意的寓意。这件雕刻中的寒山与拾得都满面笑容、阳光温暖。尤其是他们脚下面的狮子，向下垂立在柱头，一雌一雄，生动稚气，异常可爱。

在器物上装饰的狮子，熏炉比较常见。这件明代嘉靖

"和合二仙"与双狮子，江苏苏州吴中区东山春在堂砖门楼东西端垂柱木雕

青花莲鹤纹素狮纽熏炉，四川博物院

炕头狮子，石雕

年间的"青花莲鹤纹素狮纽熏炉"就是个典型代表。它是江西景德镇窑产品，胎质细腻洁白，青花蓝中泛紫，配置素狮纽圆盖，三兽形足，通体绘串枝莲、飞鹤纹，两侧各有一翅式长耳，三兽形足狮头额上用青料书写一"王"字，突出了狮子王的威风。在这件器物的装饰上，卧在熏炉盖上回首发狮子吼的素面狮子和熏炉足上的狮子王两相辉映，自然和谐。

如果要寻找最萌的狮子造型，那就无过于民间流行的一种拴娃狮子，又叫作炕头狮子，它是寻常百姓家放置在炕头用来拴小孩子的。在近代之前的漫长时间内，以中原为中心的很多农村地区都有这样的狮子，它既是镇宅之宝，又是吉祥守护者，关键是这种体量不大的石狮子，可以把咿呀学语的小孩用布条之类的绳子拴在上面，避免孩子掉下炕去。如这尊眼窝深陷、后爪挠头的炕头狮子，就透出一种可爱、顽皮的稚气；炕头狮子的变形，是完全按照萌的原则前进的，它已经大踏步地脱离了守护大门的蹲狮的那种雕塑原则，如下面这件征集品，虽然我们无法确定它的确切年代，但是这种造型之独特，神态之可爱，使得看到它的人都会忍俊不禁、哈哈大笑。

在中国的传统图样中，作为吉祥物的狮子，最有名的当然莫过于狮子戏球，有双狮戏球、三狮戏球，还有九狮戏球。

狮子戏球是起源于狮子舞中狮子郎手中所持的球，在宋代的器物装饰中，狮子戏球的纹样开始多了起来。因为绣球可以上下左右四面

银鎏金狮子戏球纹八方盘，三明市文物管理委员会

银鎏金双狮纹果盒，阿鲁科尔沁旗耶律羽之墓出土

狮子戏球纹砖雕，四川泸县宋墓出土

八方地转动，所以宋人把绣球纹样称作转官球，期望官运亨通，常用做仕途显达的祈愿。也有把狮子戏球同富字结合起来的纹样，那就是期望时来运转，大富大贵。所以，狮子戏球是同其球可以转的特性联系在一起而产生的吉祥图样。如福建泰宁出土南宋银器"银鎏金狮子戏球纹八方盘"、四川泸县宋墓出土"狮子戏球纹砖雕"、内蒙古阿鲁科尔沁旗耶律羽之墓出土的辽代"银鎏金双狮纹果盒"，都是这一吉祥纹样的典型作品。

双狮子嬉戏的图样在敦煌壁画中就有反映，而在陕西出土的唐代金银器中，有一件双狮纹金铛。铛在古代是炊器，唐代也用铛作煎药器具。道教炼丹术讲究使用金银制作的药具。这件金狮铛造型优美，制作精细，铛是皇室使用的药具。这件金铛是1970年陕西省西安市南郊何家村基建工地唐代窖藏出土，高3.5厘米，口径9.2厘米，柄长2.9厘米，重268克。金铛为侈口、翻沿、圜底，三兽足，叶芽形单柄，捶打成型，花纹平錾，鱼

双狮纹金铛，陕西省博物馆

子纹底纹。柄及兽足均焊接于腹上。器外底部中心分出 9 条水波纹曲线，将外壁划分为 9 个 S 形区间，内填以双鸟衔绶、双鸟衔方胜、立狮及花卉等纹饰。器内底饰高浮雕式的双狮相搏纹。从铛腹 9 个分区内及铛内底麦穗圆框中的立狮纹来看，还有着较多的西方外来影响，但是铛这种器形则是中国式的。这件铛中嬉戏的双狮纹，应该是后代双狮戏球的早期图样之一。

二

狮子图样中的雌雄之分

在所有的动物群体中，狮子的雌雄搭配分工结构也是独一无二的。鬃毛丰沛、体型庞大的雄狮是狮子群的真正国王，它不参加或很少参加狩猎，狩猎都是雌狮子的事情，雄狮子只负责保护他的王国领地。

狮子图像作为守护者的寓意就来源于雄狮的这种社会分工，因而在非洲狮分布地区和历史上亚洲狮的分布地区，人类创作的守护在陵墓、神殿等处的狮子图像或塑像，大多都是雄狮的形象。

早期佛教造像中的狮子图像，无论是阿育王石柱上的柱头狮子，还是山奇大塔上的翼狮，也都是雄狮的形象。如山奇大塔西门南柱正面的"狮子纹样图"，是三头狮子一组的图案。在藤枝卷草的长方形画框中，两头狮子呈爬山式的直立状态，另一头狮子趴在这两头直立狮子的背上。这是当时狮子装饰纹样的经典图像。这三头狮子不但都有丰沛的鬃毛，而且艺术家为了更强调它们的雄性的狮子王角色，还特意表现出了那两头直立狮子的健壮的雄性生殖器。

这样直接用生殖器来表示狮子雄雌的做法，在中国中原地区的造像中是找不到的，因为中国传统文化对于性的避讳，必然使得艺术家一般选择动物

狮子纹样图，印度山奇大塔西门南柱正面

雕出雄性生殖器的石狮子，昆明

狮子座上的一佛二菩萨雕像，洛阳博物馆

的既是显性的，但又可以被大多数人接受的性征，如狮子的鬃毛来分别雄雌，这反映了中国与印度在性文化观念上的区别。

不过在中国的南方地区，接近南传佛教的云南等地，即使在近现代或当代的狮子造像中，也沿袭了源自古印度的这种风格，说明南方的此类造像没有完全接受中原儒家文明的过滤或改造。

在魏晋南北朝时期的佛教造像中，佛或菩萨狮子座上的狮子造像，成对的雄狮形象大多都是以丰沛的鬃毛表示出来。如洛阳出土、现藏于洛阳博物馆的北魏时期的一佛二菩萨雕像，其狮子座就是典型的一对鬃毛张扬的雄狮守护摩尼宝珠形象。

如果我们将这个狮子座图样单独裁剪，并将之放大，就会发现，这样的图样同在欧洲发现的守护型的格里芬的图样造型完全一模一样。例如，2—3世纪帕提亚王朝时期的一块装饰有狮子格里芬、花瓶和荷叶的门楣板，上面的狮身格里芬在造型、神态与整体构图上，与

装饰有狮子格里芬和花瓶及荷叶的门楣，大都会艺术博物馆

藏于洛阳博物馆的一尊北魏时期的一佛二菩萨雕像的狮子座完全一致。二者最大的区别是，帕提亚时期的这对狮子格里芬有明显的生殖器写真来

狮子座，浮雕，洛阳博物馆

表现其是雄性，而洛阳的这对北魏狮子则以蹲踞的姿势略去了这种细节表现，仅仅以丰沛的鬃毛、硕大的头颅和顽皮的神态，来表示这是两尊雄狮。

大约是从北齐开始，有部分菩萨造像的狮子座上的两只狮子不再是一对雄狮，而是被表现为一雌一雄的一对狮子。这是很有意思的，可能这就是中国文化讲究阴阳平衡在艺术上的一种表现形式。

现藏于法国巴黎吉美国立艺术博物馆的北齐时代的一佛二弟子二菩萨造像，其狮子座上的一对狮子就分出了明显的雌雄——左侧的雄狮鬃毛丰厚飞扬、头方口阔，举起前爪呈活泼外向的动态；而右侧的雌狮则没有鬃毛，脑袋略呈纤秀的三角形，狮口紧闭，前爪规规矩矩地放在地上，呈现出一种与雄狮的张扬活泼截然相反的内敛与沉静之态。

在藏于西安碑林博物馆的这尊北周时期的释迦牟尼石造像的狮子座上，雕

一佛二弟子二菩萨造像，吉美国立艺术博物馆

刻艺人通过狮子鬃毛的有无和头部、口部、眼睛的大小等特征，将这对狮子的雌雄性征刻画得栩栩如生。尤其是对左侧雄狮的头部表现，可能借鉴了当时狮子舞所刻画出来的假狮子头的形象，跟我们今天见到的狮子舞中的狮子头几乎一模一样。

而藏于上海博物馆的这尊北齐时期的雕像，狮子座上的狮子的雌雄性征更是一目了然。左侧的雄狮不但鬃毛丰沛，而且尾巴被雕刻出像三叶草一样的花样来，它的脑袋还微微一歪，很顽皮地仰视着中间的摩尼宝珠；与之相反，右侧的雌狮没有鬃毛，但在脖子上像是戴了一个项圈似的装饰，神态沉静，尾巴也雕成略微上翘的单叶形状，与雄狮形成了非常鲜明的比照。

1954年太原华塔村出土的北齐观世音菩萨五尊像，也是一个典型例证。狮子座上左侧的狮子脑袋略呈纤细的三角形，无论是耳朵、口鼻与眼睛都明显小于右侧的狮子，神态沉静内敛，有淑女气质；而右侧的狮子则头大如斗，双耳高耸，粗眉环眼，鼻方口阔，具有雄性的一切面部特征。尤其是其张口吐舌、巨爪扬起的张扬与躁动之势，更显出雄狮作为狮子王的不可一世。

由以上图像实例可见，在北齐北周时期，部分佛教造像上的狮子

释迦牟尼石像，西安碑林博物馆

狮子座佛像，上海博物馆

座分出雌雄狮子的形象，是当时流行的一种造像风格。

　　佛像狮子座上这种一对狮子分雌雄的雕像模式，在北齐之前有狮子座的佛教造像中似乎没有出现过。即使有的话，也可能因为其意蕴不是非常明显，所以没有被刻意表现。譬如我们可以在犍陀罗造像中看到狮子体型和鬣毛的变化，但很难断定那就是雌狮与雄狮的配对。如大都会艺术博物馆所藏这尊石灰石的片石佛塔雕像，就是个明显的例证。这件片石佛塔创作于 3 世纪后半叶，画面中一共有大大小小不同侧面的 10 头狮子。中间最明显的 4 头狮子，其中 2 头是蹲守佛塔的侧面雄狮，体型庞大、鬣毛丰沛、头方口阔；另外 2 头蹲守在佛陀两侧的柱头上，不但体型明显要小于佛塔侧面的那两头雄狮，而且也

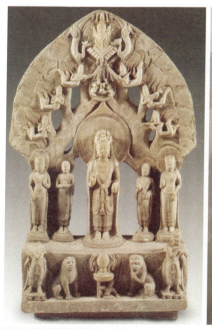

观世音菩萨五尊像，1954 年太原华塔村
出土　　　　　　　片石佛塔，大都会艺术博物馆

没有鬣毛，应该是雌狮子。

基本可以确定，雌雄双狮图像的配对出现，在一定程度上是中国传统文化的创造物，在北齐时期首先出现在佛教造像的狮子座上，随后才在建筑物的门口等地方被应用。传统狮子舞中所说的"十斤狮子九斤头"，说的就是雄狮的特征，而皇宫、寺庙、官衙、高官贵族宅邸的守门狮子，基本都是鬣毛丰沛的雄狮形象。

由于中华文化中阴阳平衡思想的影响，无论是雕刻工匠还是观赏者总是会不自觉地将之理解为雌雄双狮。譬如守护在皇家建筑门口的

太狮少狮，江苏镇江金山寺

狮子滚绣球，江苏镇江金山寺

对狮子，一般是一侧的狮子为雄狮，形象是狮子滚绣球，足踩寰宇，象征统治世界；另一侧的狮子为雌狮，称为太狮少狮，足踩小狮子，象征子嗣昌盛，后继有人。而守在一般富贵之家门口的狮子滚绣球，表达的应该是吉祥如意、流转顺畅、生生不息的意思。

第四章

骑在狮子背上的
欧亚女神

　　柔能克刚，这可能不仅仅是华夏文明中的智慧，而
应该是全人类都明白的普遍道理。面对体形巨大、威风
凛凛的雄狮，什么样的力量才能将之征服？除了配备利
剑、骏马与飞矢的英雄，女神是人们心目中征服雄狮的
最合适角色。从起源于两河流域的丰育女神娜娜到古代
小亚细亚的山川大地之神西布莉，或骑坐雄狮，或乘狮
子车，都是狮子王的绝对主宰。而藏传佛教中的度尔伽
则更是坐在狮子背上，是一个像狮子一样勇猛的女神。
女神与狮子之间的关联，为我们认识狮子文化提供了一
个迥然不同于英雄与狮子关系的柔美途径。

1900 年 12 月，著名的中亚考古学家奥雷尔·斯坦因在新疆丹丹乌里克佛寺遗址发掘出一系列木版画，其中保存较好的一块上，两面都绘有类似佛或菩萨的画像，而那三尊类似菩萨的画像，斯坦因断定中间那个四臂神像可能是弥勒菩萨。

娜娜女神，木板画，丹丹乌里克佛寺遗址出土

后来的研究表明，这三尊神都不是佛教的菩萨，而是火祆教的神像，中间那尊是在西亚、中亚都曾被广泛信仰的娜娜女神（Nana）。

从美索不达米亚到中亚地区，娜娜女神广受崇敬。在甘肃出土的粟特文献 2 号信札中提到的甘肃粟特商团领袖 Nanai-vandak 名字中就带有娜娜女神的名字 Nana。在粟特艺术中，娜娜女神的形象有不同的几种类型，其中最主要的一种就是手执日月、骑在狮子上的形象。

如现藏于大英博物馆的这件四手仙女银碗中骑狮子的仙女就是娜娜，它出土于

骑狮子的娜娜，四手仙女银碗，大英博物馆

俄罗斯，娜娜的冠带服饰具有当地风格。

娜娜女神起源于两河流域，原来是一个二臂女神，经过中亚阿姆河和锡尔河地区的演化，其形象与波斯 Armaiti 女神的融合与变异，在造型上吸收了印度的朵拉尔加女神像的造型特点，成为一个手执日月的四臂女神，然后作为粟特女神进入敦煌及以东地区。

在敦煌壁画中，娜娜女神是头戴桃形凤冠的形象，而桃形凤冠是9—14世纪在高昌回鹘、于阗、西夏一带流传的王族服饰，可见随着娜娜的东传，其形象被不断改造。

在河南安阳出土的北周石棺床上雕刻有一尊火祆教女神娜娜的图像，就是骑在双狮子上的四臂女神形象。只露出半身的女神头戴花冠，神态庄严，向上扬起的双手分别托着日轮和月轮，另两臂向下，

火祆教四臂娜娜女神，石棺床雕，安阳出土

双手按在身前的画面边框上。身后飘扬着四条非常夸张的、比例明显失调的巨大的飘带，更增加了女神的威严感和神秘意味。女神半身像下面线刻出两头张嘴露牙的雄狮，是女神的坐骑。

古代贵霜王和粟特王自称"君权神授"，其神圣之王权就来自娜娜女神，由此可见娜娜女神在古代中亚的影响之大。火祆教传入中国后，娜娜女神的艺术形象也得以被中国古代民众所认识。

娜娜在中国的影响力显然只限于那些移居中原地区的粟特商人等西域人之中，并没有作为一种宗教文化在中国扎下根来，但是娜娜骑在狮子背上的这种女神形象可能影响到了中亚及中原的艺术家对佛教诸神的形象塑造。

骑在狮子上的女神，大都会艺术博物馆

在阿富汗地区发现的5—6世纪的一件骑在狮背上的女神作品，与娜娜造像应该有极密切的关系。这件作品现藏大都会艺术博物馆，女神坐在一头温驯的卧狮子背上，穿着宽松的袍服，颈上带有项圈和坠饰，发髻高高挽起，似乎还有圈状的头饰，带头光。此女神像手中没有持日月，跟娜娜女神有一定差异，其左手所持的是一种棕叶一样的草叶，右手持物已经残损，但是从露出手掌下方的一截植物的茎的形状来判断，应该是手持一支莲蕾或莲花。这样的造像，跟佛教的药叉女有一些接近，如创作于公元前100年前后的巴尔胡特栏楯浮雕"持莲花蔓草的药叉女神"，就跟此像非常相像。

药叉原本是栖息于圣树的精灵，掌管着生物的生命，同时具有毁灭生命的恐怖力量。他们授人子女和财产，是能够治愈疾病的神。中国佛教中的四大天王就来自于药叉神。还有一种药叉是莲花精灵，如加尔各答印度博物馆所藏巴尔胡特栏楯上的一个圆形图样纹饰中，莲花精灵的药叉像贵妇人一样佩戴各种饰品，手持鲜花，背后是放射状分布的花托和莲瓣，整个形象就像是从莲花中生出来一样。

如果考虑到娜娜女神也是丰育女神，那么这尊女神像手中所持的棕叶一样的草叶，表示的就是丰育之意，而莲花也是生生不息的象征，那么这样的骑狮子的女神像，至少跟娜娜是有特定密切关系的神灵。

审视从西亚等古代狮子分布区兴起的狮子文化，就会发现，英雄或男性的神总是处于与狮子搏斗者的角色，而真正从气势上征服狮子的则是女神。例如，娜娜女神就是和平地骑在狮子背上的——对于女神，狮子总是温顺的、服服帖帖的。

当然，能驱使狮子的女神远不止娜娜一个，女神西布莉也是雄狮的征服者，不过她不是骑在狮子背上，而是坐在两头狮子拉的狮子车上。

西布莉（Cybele）起源于古代小亚细亚人崇拜的自然女神，在小亚细亚，她是山川、河流、岩洞等自然的神；到希腊神话中，她体现着肥沃的土地，被尊崇为众神、人类和动物之母。

阿富汗国家博物馆所藏的一件公元前3世纪的浮雕银片，描绘的是西布莉乘狮子车巡视山川大地的情景，可以让我们领略这位古希腊女神非凡的风采。

这个镀金的盘状银片原本是固定到一个木盘上面的，贪婪的抢劫者把它从木质的盘基上硬生生地撕扯了下来，但幸运的是没有造成对画面完整性的破坏，我们还可以从上面寻味和解读这幅浮雕作品所表达的细节。

2000多年的岁月让银盘闪着一种蓝幽幽的亮光，使得整个画面似乎是以夜空为背景似的，当然这仅仅是错觉而已，实际上它表现的是西布莉站在两头狮子拉的狮子车上，和她的驾车人及两位祭司巡视高山大地的情形。

狮子车上的西布莉女神，浮雕银片，阿富汗国家博物馆

画面中，西布莉女神站在车上，正面对着我们，头上戴着象征她神圣地位的冠冕，身上穿着厚重而庄严的袍服。在西布莉的身边，站着为她驾车的女神耐克（Nike），她美丽的波浪般的头发高高挽起，穿着薄而飘逸的无袖长裙，一对天使般的翅膀闪闪发光。我们只能看到耐克的侧脸，那高翘的鼻子和微微扬起的下巴宣示着她的美丽。耐克一只手紧紧抓着牵引狮子的缰绳，另一只手扬起一条长长的金色鞭子，驱赶着狮子们奋力向前。

在狮子车的后面，是西布莉的一个祭司，他尽力为女神西布莉撑起一个巨大的伞盖；在狮子车的前方，一个搭建好的六层高的祭坛上，另一位祭司正在那里的一个小香炉里烧香。

画面的上方，表现的是天上的太阳、月亮和星星，它们都闪闪放光。而画面的下方则一片金黄，一块一块的不规则块状突起，表示的是山冈的起伏不平。而在那些金色的山冈上，则錾刻出四瓣、六瓣不等的花朵来，表示这里是鲜花烂漫的山野大地，是女神的领地。

处于画面中心位置的，是为西布莉拉车的一对雄狮。狮子巨大的前爪高高扬起，鬃毛如燃烧的火焰一般——丰厚、张扬而金光闪闪。即使是在拉车，狮子王的气度也锋芒毕露。尤其是这种烈焰般的鬃毛所衬托出的王者气势，是一般大型动物无法比拟的，难怪隋朝的开国皇帝隋文帝杨坚要把大宛国献来的一匹鬃毛极长的千里马称作"狮子骢"。

表现自然女神西布莉及其狮子车的艺术品，比较经典的还有一件是大都会艺术博物馆收藏的青铜雕塑。

这是2世纪罗马时代的作品，两头巨大的狮子拉着四轮的青铜车，可惜的是车体和车上的座椅都已经朽坏不存。身穿厚重袍服的西布莉女神右手持一个碗，左手拿着一面鼓。

西布莉女神信仰在公元前3世纪后期的第二次布匿战争后传入罗

马，此后一直流行，直到早期基督教时代才慢慢式微。

女神与狮子之间的关联，为我们认识狮子文化提供了一个迥然不同于英雄与狮子关系的柔美途径，如出土于埃及地区墓葬中大约是 7 世纪的披肩上的图案，以一个环形的团花与连珠纹图案描绘了一位女神与狮子的关系。图案的中间是手持花枝、发髻高挽、有头光的柔美女神，她被一圈连珠纹围起来，连珠纹外布满花枝草蔓，四面各有一头神态活泼、威风凛凛的狮子。

而苏美尔人的丰饶女神、性爱女神伊南娜也是站在两头狮子背上的形象，这同佛教中佛陀的狮子座有异曲同工之妙。

西布莉及其狮子车，青铜雕塑，大都会艺术博物馆

女神与狮子，披肩，大都会艺术博物馆

65

度尔伽是印度教女神，她的坐骑也是雄狮。

度尔伽的造像，也是随着佛教的传播传入中国的，但是仅限在青藏高原的藏传一系有她的造像出现。

在青藏高原地区，度尔伽女神又被称为难近母，她是印度教三大主神湿婆的妻子——喜马拉雅山的雪山女神帕尔瓦蒂的形象之一。帕尔瓦蒂是湿婆的神妃，她与湿婆之间的爱情故事是印度古文化里最动人的篇章之一。她源于印度土著的母神女天，与湿婆一样，兼具生殖和毁灭的双重神格。作为印度教神谱中的主要女神之一，她又是印度神话中宇宙能量的象征，被称为"宇宙之母"。帕尔瓦蒂不仅仅有着绝世的美貌，必要的时候在战场上也会变化为狰狞的战神。从她的化身里又产生了印度神话里最凶猛恐怖的黑女神伽梨。

作为帕尔瓦蒂化身之一的难近母，名字就取自她所消灭的罗刹"难于接近"，主要表现的是帕尔瓦蒂战神的另一面，所以"难近母大战牛魔王"也是印度家喻户晓的传说。她有三眼，身具八、十或者十八臂，持诸神所赐的各类武器，其中长矛为火神所赐。她脚踏魔鬼，杀死了令众神惊恐不安的水牛恶魔摩希沙。

在印度，她作为降魔女神而受崇拜，每年九、十月举行的难近母节是印度东南地区最隆重的节日。布达拉宫就藏有两尊典型的骑狮子的难近母造像。

第一尊难近母像原制作于印度，高 26 厘米，布达拉宫藏。此尊造像为克什米尔风格，材质俗称为黄琍玛，铸胎厚重。难近母红发梳髻，头戴宝冠，脸盘丰满，面施冷金，三目八臂，从左往右手上拿着各种神器，左足弓步立于台

黄琍玛难近母雕像，布达拉宫

度尔伽大战水牛魔鬼造像，印度
拉合尔博物馆

座，右足踏于俯卧的牛身之上，牛背伏一猛狮，牛头斩落于台上，随后
牛魔化身为武士，手持盾牌宝剑，负隅顽抗。难近母左边两手提其发髻，
直至最终将它消灭。难近母右侧立一小神，正手捧剑鞘递给难近母。

　　度尔伽大战水牛魔鬼的造像，在印度拉合尔博物馆藏的一尊也相
当经典。度尔伽脚下踩着公牛，在这头公牛的后背上，一头狮子两爪
前扑，口中咬着公牛的尾巴。

　　第二尊青铜彩绘难近母女战神像制作于11世纪的尼泊尔，后被
布达拉宫收藏。此像面部施以冷金，神态安详。束发高髻，头戴单叶
宝冠，耳饰圆形耳珰。头背部装饰有火焰状的背光，造型十分罕见。
肩生四臂，主臂左手作说法印，右手扶于右膝上。外臂左手持钺刀，
右手上举。下身着长裙，轻薄贴身，錾有小圆形纹样装饰。狮子为难

青铜彩绘难近母女战神像，布达拉宫

骑在狮子上的四臂女神，大都会艺术博物馆

近母女神的坐骑，半跏趺坐于挺拔站立的雄狮背上，更加显出她的威严勇武。难近母娴静安详地凝视远方，四壁舒缓伸张，轻柔的律动使她内在的悲悯精神和怒目张口的坐骑雄狮的勇猛形成鲜明对立，动感极强。

度尔伽这种直接以单尊难近母神像骑在狮子背上的形象比较少见。据约翰·盖伊的研究，在贵霜时代出现的骑在狮子背上的女神造像，一般都可能是受到了西亚女神娜娜骑在狮背上形象的影响，因而布达拉宫所藏此尊度尔伽骑狮子像，应该就是西亚娜娜文化与印度度尔伽形象融合的典型图样。

这种度尔伽不是跟水牛魔大战，而是安静地骑在狮子背上的造像，大都会艺术博物馆也藏有一尊。该造像出土于印度北方邦，女神上身赤裸，只带一个在颈上绕了数圈的串珠项链，项链前面有长长的珍宝坠饰，自然地垂挂在双乳之间。她乳房丰满，头发盘起，有头冠和发饰，四臂的手中应该各有所持，最明显的是左手持三股叉——在印度神灵中，湿婆是手持三股叉的，但这个女神显然不是湿婆。

尤其是她座下的狮子形象，整体风格与上举阿富汗地区发现的女神娜娜像的风格如出一辙，因而，度尔伽造像受到娜娜造像的影响是显而易见的。

度尔伽女神作为雪山女神帕尔瓦蒂的形象之一，代表的是女神具有毁灭能力的战神形象，而帕尔瓦蒂还有丰育与繁殖女神的一面，其在这方面的化身就是女神安比卡。相对于斗牛的战神度尔伽，安比卡表现的是帕尔瓦蒂繁殖、丰育的神性。

英国伦敦维多利亚和阿尔伯特博物馆所藏安比卡造像就充分体现了这个骑狮子女神的温柔、母爱的一面。她面带慈祥的微笑，左手抚摸着一个小孩，右手拿着有橄榄果的橄榄枝，表示她是万物与人类的繁殖之神。在这尊造像中，安比卡不再是度尔伽那样的

繁育女神安比卡，维多利亚和阿尔伯特博物馆

四臂女神，完全恢复成一个慈祥的母亲形象，她所坐的台座的中央，雕刻了一头静静安卧的狮子造像，表示狮子是她的坐骑。

第五章

欧亚大陆的狮子王传说

　　在古代欧亚地区的传说中，狮子王是身披金毛的大智慧者，它掌管着草原的秩序，鬣狗见到它，就会瑟瑟发抖，只有体形庞大、角如利刃的野牛才敢抗衡。于是，狮牛斗的艺术母题成了欧亚大陆上表示不同政治势力善恶兴衰的一个象征，势力强大者或取得胜利者总是被描绘为勇猛的狮子，而被打败的一方则被描绘成哀鸣的野牛。当然，任何事情都不会是一成不变的，在佛经故事中，身披金毛的狮子王被不但被描写成一心向善、遭不良猎人猎杀的不幸牺牲者，而且狮牛斗的故事也在这里"一笑泯恩仇"，出现了善良宽厚的狮子妈妈养育小野牛的传说。

狮子与牛相搏斗的图像或故事，以敦煌佛教壁画中的《外道劳度叉斗圣图》最为经典。

安西榆林窟第16窟后室东壁五代时期的《外道劳度叉斗圣图》中，一头牛被雄狮紧紧咬住了脖颈，雄狮的两只前爪铁钳般抓住牛背，鲜血如泉涌。身躯硕大的牛由于狮子的压力不得不弯腰屈膝，张口惨叫。这是依据变文中劳度叉化作大水牛，舍利弗化作雄狮之情节所画。

劳度叉斗圣讲的是印度舍卫国大臣须达在听释迦牟尼说法后，心生敬意，邀请佛陀前往舍卫城说法，并答应为佛陀在舍卫城修建用于宣法的庙宇。舍卫城的外道听说后，要求与佛陀斗法。佛陀欣然应允，率弟子来到舍卫国。斗法过程中，外道劳度叉幻化出宝山、水牛、水池、毒龙、恶鬼、树等，而佛陀弟子舍利弗则幻化出持金刚杵大力士、猛狮、大象、金翅鸟、毗沙门天王等，将劳度叉的幻术

《外道劳度叉斗圣图》，榆林窟第16窟后室东壁

《外道劳度叉斗圣图》，莫高窟 9 窟南壁

——破除。

莫高窟 9 窟南壁也有一幅晚唐的《外道劳度叉斗圣图》，画面上一头硕大强壮的牛，被雄狮双爪紧紧抓住脊背，脖颈被狮子牢牢咬住，牛在拼命挣扎，鲜血流出，由于招架不住，一条前腿已经屈膝跪地，情节紧张，动人心魄。狮子的鬃毛与尾毛都是用金黄和绿色相间的漂亮色彩绘就，显出兽中之王的华贵与威严。

狮子与牛相搏的这种场景，来自于真实的自然生活。在热带大草原上，野牛由于体大肉多，对狮子而言是充满诱惑力的猎物。猎获一头野牛，就能让狮子们吃上好多天。在一般情况下，雄狮是狮子王国的守护者，狩猎都由雌狮来完成，但如果要围猎的是那些体大肉多、角如尖刀的野牛，雄狮也会加入战斗，这样，只有在平常不参与狩猎活动的雄狮的帮助下，雌狮群才能把野牛这样的大猎物制服。雄狮一般是避开野牛锐利的双角，从侧面或后面咬住野牛的脊背或颈项，将之制服直至毙命。

狮子、大象与野牛是热带草原上可以相互抗衡的大型动物，南朝时期的高僧昙无竭在印度大陆的舍卫国就亲眼目睹了狮子、大象与野牛在草原上的狂野。昙无竭姓李，是幽州黄龙人，幼年就出家为僧。当他听说东晋高僧法显西行求法的事迹后，也发誓要到印度大陆学佛取经。据《高僧传》卷3《释昙无竭传》记载，南朝宋永初元年（420），他召集僧猛、昙朗等25位僧人前往西土印度取经。在即将到达舍卫国的途中，遭遇了一群野象，正在面临危险之际，一群狮子从树林中扑出来，追逐大象，象群仓皇奔逃。渡过恒河后，又碰到一群野牛吼叫着奔过来，有伤人之意。这时候，突然有一群大鹫飞来，野牛惊散四奔，昙无竭才免除了一场灾难。

在佛经中，释迦牟尼总是用狮子与野牛的故事来开导弟子们，在《根本说一切有部毗奈耶》卷26中，就讲了一头狮子与牛先亲如兄弟、后被鬣狗离间而斗如寇仇的故事。

故事的大意是这样的：

在遥远的古代印度大陆，森林中有一头怀孕了的母狮子，在临产之前，她准备多储存一些肉食，于是就尾随一群野牛，寻找捕猎的机会。正好这群野牛中有一头母牛刚刚产下一个小牛犊，为了保护自己的孩子，这个牛妈妈就渐渐落在了野牛群的后面。母狮子伺机将这头雌野牛猎杀，心满意足地拖回自己栖身的森林。

那个刚刚生下来的小牛犊正是"初生牛犊不怕狮"的年龄，贪恋牛妈妈的乳汁，也跟着这头母狮子来到了狮子居住的森林中。

母狮子看到小牛犊跟她而来，起初产生了将小牛犊也猎杀的企图，但转而一想，觉得留着这头小牛犊比较好，等自己生下了小狮子，这个小牛犊正好可以陪着小狮子一起玩耍。于是，当她生下小狮子后，就将小狮子跟小牛犊都当自己的孩子一样哺乳喂养。小狮子和小牛犊一起玩耍，一起长大，亲如兄弟。

随着小狮子和小牛犊的逐渐长大，母狮子也年老体衰，走到了生命的尽头。临终之时，她将狮、牛二子叫到身边，告诉他们说："你们两个都是我乳汁养育。我待你们没有一点差别与不同，从道义上讲你俩应该就是兄弟。你们要记住，世间多的是那种挑拨离间之徒，他们的谗言假语、诬陷挑拨的手段不可不防。我离世后，你们兄弟俩要真诚相待，千万不能听信那些背面之言。"留下这些遗言后，母狮子离世而去。

狮、牛二兄弟牢记母狮子的遗言，仍然像他们的妈妈在世时那样亲如兄弟。狮子弟弟捕猎勇敢，很快就出脱得威武凶猛；牛大哥在狮子弟弟的保护下，能随心所欲地找到丰美的草场，也长得膘肥体壮。

这时候，一个年老、狡猾而阴险的鬣狗盯上了这兄弟俩，见他们膘肥体壮，就想："这两块美肉都应该被我享用，我要离间他们，令其相杀。"于是，它等到狮子弟弟出门去捕猎的时候，就来到牛哥的身边，耷拉着耳朵，装作无精打采的样子。

小野牛见他是个年老的鬣狗，就不无同情地问道："阿舅，你耷拉耳朵、无精打采，莫不是热风吹来，身体困顿呢？"鬣狗回答说："外甥，哪是热风吹来，身体困顿这么简单呐，我是听到了一个坏消息，故而不乐。"小野牛很好奇地问："你听到了什么坏消息了？"鬣狗装作很关心野牛的样子："我听到你的狮子弟弟说，要等他捕不到猎物的时候杀了你充饥。"小野牛哪里肯相信，回驳道："阿

伸展身体的狮子

舅，此言差矣。我狮子妈妈临终时告诫说：我俩是她一乳喂养，亲如兄弟。在她死后，也要真诚相待，绝不要听世间那些离间之徒的背面之言。"鬣狗嘎嘎奸笑说："外甥，我说好话你不听，看来你真是没几天好活头了。"小野牛不由得有点动摇，就问道："阿舅，怎么能看出狮子弟弟要杀我呢？"鬣狗告诉他说："外甥，当狮子从栖身的洞窟出来的时候，身毛皆竖，现其威势，三声哮吼，四顾而望，窜到你的面前，就是要杀你的时候啦。"说完这番话，鬣狗就离开小野牛，到狮子弟弟那里去挑拨离间。

鬣狗来到狮子弟弟身边，也用同样的可怜相来欺骗他，告诉狮子弟弟他带来了一个像火焰一样炽热的让他不能安宁的坏消息，他说小野牛现在长大了，要报母狮子杀其野牛妈妈的仇，准备用锐利如刀的牛角挑破狮子弟弟的腹腔。狮子弟弟起初也不相信，但架不住狡猾的老鬣狗的花言巧语，最后不禁疑惑地问道："阿舅，怎么能看出野牛哥哥要破我腹腔，杀我报仇呢？"鬣狗告诉他说："外甥，这个野牛从栖身的洞窟出来时，摇动身体，发出吼声，以脚刨地，猛地窜到你面前，就是准备要杀你报仇啦。"说完这些话，狡猾阴险的老鬣狗就躲到一边，准备在这场它挑起来的狮牛争斗中获取渔人之利啦。

其实，鬣狗所说的狮子和野牛走出栖身洞窟后的那些动作，是他们每天都要做的平常动作，是日复一日重复的生活习惯而已。但是经鬣狗这样一挑拨，野牛哥哥和狮子弟弟都心怀猜忌，各自暗存防范之心、进攻之意，早把狮子妈妈告诉他们勿听背面之言的遗言忘得一干二净了。

第二天早晨，当狮子和牛走出栖身的洞窟时，狮子果然身毛皆竖，现其威势，三声哮吼，四顾而望，而野牛也摇动身体，发出吼声，以脚刨地。跟鬣狗说的一模一样。狮子与牛都以为对方要杀害自己，于是狮子弟弟迅疾张开巨爪扑向野牛的头部，而野牛哥哥也以刀子般尖锐的牛角挑破狮子弟弟的肚子。瞬息之间，狮子与牛都一命呜呼，鬣狗的奸计得逞。这正是：

> 若听恶人言，必无贤善事。
> 狮子牛相爱，鬣狗令斗死。

在释迦牟尼讲的这个故事中，狮子与野牛并没有高下之分，但是在《外道劳度叉斗圣图》中，狮子是佛力的象征，而野牛成了外道的象征——狮子征服牛，其中蕴涵着丰厚的文化寓意和历史背景。

在古埃及、两河流域及亚洲狮分布的西亚、印度大陆等地区，狮子曾经是农业文明和城市生活的最大威胁之一。狮子在这些地区都是人类的敌人，而牛在这些地区则往往同神联系起来，如古埃及的丰饶女神哈托尔就是一头牛角上托着太阳的雌牛形象，她是法老的庇护神。苏美尔文化中，公牛是神的象征，印度教中更是如此，湿婆的坐骑就是公牛。所以佛教图像中将佛与外道的斗法场景用狮子斗牛的图案来表示，在宗教含义上肯定是有所指的，是表明佛教不同于其他传统宗教信仰的一个典型图像。

印度拉合尔博物馆藏的一尊多臂的女神像，其脚下就踩着一头公牛，有意味的是，在这头公牛的后背上，一头狮子两爪前扑，口中咬着公牛的尾巴。据穆罕默德·瓦利乌拉·汗的说法，这是以雪山女神面目出现的诃哩帝的造像。

这种狮子与牛搏斗的文化及其图像、纹饰表达，在西亚、中亚地区有着广泛的流传和影响，其最典型的早期图像来自波斯王宫的浮雕。

在波斯波利斯接见厅基墙的东侧、北侧的中央台阶前面的三角形

狮牛搏斗浮雕，大英博物馆

墙体上，有高浮雕的狮子袭击牡牛的场面。

波斯波利斯，意思是"波斯之都"，伊朗人称之为"塔赫特贾姆希德"，是波斯阿黑门尼德王朝的第二个都城，位于伊朗扎格罗斯山区的一盆地中，建于大流士王时期（前522—前486），其遗址发现于设拉子东北52公里的塔赫特贾姆希德附近。城址东面依山，其余三面有围墙。主要遗迹有大流士王的接见厅与百柱宫等。

在接见厅基墙发现的这幅高浮雕作品是公元前6—前5世纪波斯美术中的代表性精品。独角牡牛前蹄跃起，扭头回顾扑在身后咬住其脊背的狮子，牛眼圆睁、鼻孔扩张，神态惶恐。牛的肋骨清晰可见，衬托出牡牛仓皇挣扎、急于逃脱的状态。后面的狮子前爪已牢牢抓住牡牛，张口咬住了牡牛的臀部。整个画面充满动感与张力。狮子那强健有力的体魄和肌肉线条分明的巨爪，与牡牛的惊恐仓皇呈现出强烈的对比，狮牛相斗的惊心动魄被表现得淋漓尽致。

　　这样的图像虽然来自狮牛搏斗的自然生活状态，但是它本身的意义却不在于写实，而是具有象征性的符号寓意。在这里，狮子代表了正义的力量，狮牛搏斗表现的是善恶的对立。也有学者解释说，这幅图像是天球上狮子座和牡牛座的象征，狮子座代表夏日，牡牛座代表春日，二者相斗是表示季节的交替。

　　狮子搏野兽是在中亚、西亚、东亚及欧洲流行的经典图案组合，我们既可以把它分开来解读，正如佛经中那些栩栩如生的狮子搏牛、狮子杀鹿的故事，也可以把它看成一个整体的图像符号。

　　当狮子搏牛等图案作为一个整体出现在王宫和寺院等建筑物的大门，或者出现在武士们的盾牌上时，这个图案本身，已经不再是在描述或表现一个搏斗的场景，它已经成为了一个徽标，担负起护佑与祛邪的职能。

　　盾牌上的狮子搏牛图案徽标在一块公元前8世纪的亚述文物中有很生动的展示。现收藏于波士顿美术博物馆的一块残破的亚述青铜圆盘上面，是一头体型庞大、鬃毛丰沛的雄狮扑向公牛的图案。雄狮在上，张口龇牙、肌肉凸起，尾巴上扬，呈力大无穷之势，而公牛在下则低眉顺眼，前腿跪地，后腿匍匐，呈踉跄倒地之态。雄狮之威猛与不可战胜，借此图案表达得生动形象而韵味悠长。

　　这块青铜圆盘发现于古亚述科尔沙巴德（Khorsabad）宫殿内，它是一个青铜盾牌中间的一块具有装饰性和象征性

狮子搏牛图案，亚述青铜圆盘，波士顿美术博物馆

的圆片。从发现的位置来看，是属于亚述国王萨尔贡二世的物品。

萨尔贡二世（Assyrian King Sargon II，前721—前705），本名沙鲁金，意为真正的王。在位期间，对内改变片面支持军事官僚贵族集团的政策，以大量授予城市自治权的办法笼络神庙祭司，建立起以军事官僚贵族和神庙祭司为支柱的专制王权。对外继续进行扩张，公元前721年征服以色列，迁其民于两河流域。公元前720—前717年占领叙利亚全境。公元前714年大败乌拉尔图王国，毁其主神哈尔基神庙，占其南部大片领土。后又占领伊朗高原西北部米底地区。公元前710年，依靠巴比伦祭司和商人的帮助，击败马都克·阿帕尔·伊迪纳，成为巴比伦总督，势力远达小亚细亚和塞浦路斯岛。公元前705年死于攻掠伊朗的战争中。

研究者认为，这块盾牌上的图案是皇权的象征，象征了萨尔贡二世在征服战争中的雄猛与不可战胜。

狮子搏牛的图案被用来作为皇权的象征，还可以在小亚细亚、中东地区的古代钱币上看到。

这是一枚公元前361—前334年之间小亚细亚塔尔索斯城（Tarsos）的银币。银币正面是塔尔索斯的守护神巴力（Baal），他左手持权杖，右手持麦穗及鹰；银币另一面是雄狮扑向公牛。巴力是闪米特族人的主神，相当于希腊神话中的天神宙斯。塔尔索斯是古代名城，曾为希腊殖民城邦，但大部分时间为波斯人占领，直到亚历山大东征后才得以收回。此币一般被认为是波斯西里西亚总督马扎伊厄斯（Mazaios）所制。

另一枚是约公元前350—前333年之间中东腓尼基比布鲁斯城银币，银币正面是狮首多桨帆船，背面是雄狮扑向公牛，上方有腓尼基文："阿兹巴尔是盖巴尔之王"。显然，这正是用狮子的凶猛来代表王者的气度与征服能力，是对盖巴尔之王的赞颂。

狮牛搏斗图案，小亚细亚塔尔索斯城银币

狮牛搏斗图案，中东腓尼基比布鲁斯城银币

　　狮子搏牛的图像既然被用来作为皇权的象征，是强势者征服弱势者的一个徽标。自然也会被用来表现强权势力之间想要达到或已经达到和平状态和友好态势的一个愿景。

　　如在古代丝绸之路重要的城市安提阿出土的一件马赛克壁画，就表达了这样的政治意愿。安提阿是古代塞琉西帝国的都城，是公元前4世纪末由塞琉古一世建立的帝国首都城市，位于现在的土耳其南部

树下的狮子与牛，马赛克壁画，巴尔的摩艺术博物馆

狮牛搏斗，奥斯曼土耳其彩色瓷盘，柏林国家博物馆

哈塔伊省，土耳其人称之为安塔基亚，天主教典籍称为安提约基雅。邻近叙利亚，距离海边港口西流基（Samandagi）22公里。在这里发现的6世纪的马赛克壁画用狮子与牛和平相处的画面表达了强权之间的和解意愿。

这幅马赛克画现藏巴尔的摩艺术博物馆，画面中间是一棵枝繁叶茂的果树，上面结满了累累果实，左右两边站立一头雄猛沉静的狮子和体形魁梧的公牛。它们虽然相向而立，但却淡然、镇定、悠闲，如散步一样，祥和平安的气氛笼罩整个画面。与狮牛搏斗的图案造型形成非常明显的对比，这种将野兽狮子同被驯化的牛和平地放置在一个场景下的图案，所表达的是强权者对于和平时代的一种意愿。

随着时代的发展，在西亚与中亚地区，也就是在亚洲狮的分布区域，这一图案慢慢地消减了它的宗教寓意和政治寓意，而变成了一个纯粹的装饰性图案。

如现藏于柏林国家博物馆伊斯兰部的一件奥斯曼土耳其帝国时期的彩色瓷盘，就有狮子斗牛的装饰图案，但是在这件大约创作于1600年的作品中，狮牛斗的图案已经没有了任何宗教或政治的寓意，仅仅是作为一个传统的装饰纹样而存在，所以狮子与牛的造型都显得那么沉静而淡然，画面上已经没有了早期狮牛斗图案中那种饱满的张力，狮牛搏斗的凶猛血腥与绝望挣扎等气氛荡然无存。

正是因为狮子搏牛或狮子搏兽这种源于亚述、波斯的固定图案所具有的宗教意味或政治表达，所以在东亚中国，这样的图案只是在佛教壁画中有所表现，而没有进入民间的意识形态或美术创作之中。

中国的传统美术中，只有土生土长的虎与牛对立搏斗的图案，如出土于河南新野张楼的东汉牛虎斗画像砖，边饰菱形纹图案，画面两端各有一座四阿顶阙，柱头施斗拱，两柱之间饰以祥云纹。两阙之间牛虎相斗，虎扬尾张口，直向牛扑过去，牛曲颈奋蹄，尖角对前向虎冲去。虎欲咬、牛欲刺的搏斗场面栩栩如生。

虎牛相搏的图案在中国传统图案中还被表达为"二龙穿璧、虎牛相斗"的组合形式，如河南新野出土了一块画像砖。画面中部为二龙穿璧，左上方一羽人手持灵芝做单腿跪姿，似在引导升仙；其下一白虎昂首翘尾做疾走状。右上方是一方相氏手舞足蹈，下为一牛挺角前冲。

据现有的研究，龙穿璧有升仙的寓意，方相氏是驱邪之神，羽人更是神仙之属。因而，虎牛相斗与二龙穿璧相结合，可能表达了祥瑞、辟邪、升仙的寓意。

作为一个对比，我们只能说，无论是西亚等地区的狮牛相搏，还

牛虎斗，画像砖、新野县汉画像砖博物馆

二龙穿璧、牛虎斗，画像砖，新野县汉画像砖博物馆

是华夏中原地区的虎牛相搏纹样或图案，其最初灵感都来自本地域最有抗衡能力的两种大型动物的自然生存状态，但在文化源头上是没有承继关系的，是两种不一样的文化符号。

二 狮子衔草纹与金狮子

在隋唐的狮子图像和纹样中，有一种口衔草叶的狮子图案。图案中的狮子全然没有一点猛兽的凶悍，看起来温婉可爱、楚楚动人。

敦煌莫高窟隋代壁画中的《对狮图》，就是狮子衔草的代表性图像。

这幅《对狮图》绘制在莫高窟第 292 窟人字披顶西坡的龛下，在褐黄色的背景上，中间位置是一个三角形的绿水盈盈的宝池，在宝池中生出的莲花、摩尼宝珠两侧，一对雄狮口衔忍冬草相对而坐蹲守着。雄狮鬣毛蓬松，尾巴高翘，圆头圆脑，双目炯炯，脖子上戴了挂着铃铛的项圈。

与早期的狮子形象相比，这对可爱的雄狮蓬松的鬣毛颇有质感，已经具备了亚洲狮的一些自然特征，但还不是十分写实，造型有强烈的装饰意趣。

最为引人注目的是，这对雄狮口中各衔着一枝忍冬草叶，微露牙齿，憨态可掬、意趣盎然。这样的安排，使得原本以凶猛著称的狮子，顿时平添了祥和与调皮的气氛。

忍冬草纹样，并不是某种特定植物叶子的写实，而是图案化效果极强的一种幻想出来的草叶纹。

在雕塑、壁画或器物装饰中，忍冬草往往被画成交缠

衔草叶的对狮图，莫高窟第 292 窟人字披顶西坡的龛下

或不相交缠的一组蔓草，呈波纹状，用作主题图案的边饰。这种波纹状蔓草纹样源于西亚，是曾经流行于印度与中亚的典型装饰图案，在那里的艺术作品中融汇、变化，并随着佛教艺术而在4—5世纪传播到中原地区。

从西汉到东汉，古罗马被中国文献称作"大秦"，所以这种自西域传来的草纹，在中国古代文献中又被称作"大秦之草"。

狮子衔大秦之草纹的西方传统，我们可以从来自萨珊波斯的金银器装饰图案中看到，其中最具代表性的一件是现藏于陕西省博物馆的唐代鎏金双狮衔枝纹银碗。

1970年10月，陕西省西安市南郊何家村基建工地出土了唐代窖藏文物1000多件，其中金银器就有270件。其中的一件鎏金双狮衔枝纹银碗，高3.7厘米，口径12.6厘米，重201克。碗为侈口、圆底，锤揲成型。碗的腹部均匀地捶打出十朵火焰纹。碗的内底焊接一圆形银片，银片边沿是由索纹、弦纹构成的一周圆圈，里面是双狮衔枝纹，纹饰采用捶打手法制成，并全部鎏金。

鎏金双狮衔枝纹银碗，陕西省博物馆

这对锤打成型的浅浮雕式鎏金狮子，脑袋略呈三角形，口衔忍冬纹草枝，草梗交缠、草叶向两侧下垂，罩在双狮子头顶；狮爪下面也是一对交缠在一起的忍冬草叶纹，恰似大地或彩云一样托起这对狮子，使之有所依凭。两狮子正面相对，各举起一前爪做相扑状，后爪用力向后蹬出，尾巴如忍冬草

骑狮的少年，片岩浮雕，白沙瓦博物馆

叶纹一般向上翘起，与忍冬草叶相呼应。看起来有草枝摇曳、狮尾轻摆的舞蹈之感。这是一种动感极强的图案，整个画面充满了欢畅、喜庆与灵动的气氛。

从这种典型的萨珊银器的装饰风格上，可以看出狮子衔草枝纹图案对唐代艺术品的影响。

与此相类似的是，在犍陀罗出土的片岩浮雕《骑狮的少年》也有狮子衔草的场景。这是一块创作于2—3世纪之间的作品，一个头发卷曲，戴脚镯与手镯的少年手托器物，侧身骑坐在狮子背上，狮子尾巴上翘，后腿蹬地，前腿抬起，正昂首阔步呈前行状，在狮子的前方，是另一个同样戴脚镯与手镯的、体型肥壮的少年双手端起一个宽口盆，将盆中的一束阔叶草送到狮子口边。

来自西域的狮子衔草枝纹作为艺术装饰图案，在唐宋以后中国化的狮子图案中并没有产生广泛的影响，以至于我们都忽略了狮子衔草这个母题。我们在一幅晚清时期布本设色的唐卡《释迦牟尼佛与十八

《释迦牟尼佛与十八罗汉》中的狮子座，唐卡，私人收藏

罗汉》中的狮子座上看到了这样的图样：在狮子座的两侧，是两个相向回首、欢畅活泼的白狮子，口中衔着长长的草枝。这样的纹样，在隋唐以来壁画或雕塑的佛陀狮子座上非常罕见。

其实，在佛教题材的动物画中，鸟、鹿等口衔草枝的图案都比较常见，如莫高窟第158窟中唐时期的涅槃经变壁画中，当佛涅槃之时，各种动物都发出悲鸣。大雁从远处飞来，口衔莲花，向佛做鲜花供养，表示哀悼与敬仰之情。而在莫高窟第17窟的晚唐壁画中，一对跪伏在地上的鹿口衔鲜花，向佛做花供养。那么，佛教壁画中口衔草枝的狮子可能也含有这样的供养之意。

鹿口衔莲花供养图，莫高窟第17窟

但是从萨珊波斯银器上的狮子衔草装饰图案来看，狮子衔草可能还有另外的含义。

从狮子作为自然界的猛兽来看，它是最顶端的肉食动物，它们跟草的关系最直接的就是它们生活在热带草原，不过有一个有趣的现象是，六个月以下的小狮子都是非常顽皮的、喜欢玩耍的小家伙。它们常玩的一个小游戏是将树枝之类的草棍衔在口中，佯装拉来拽去，在地上来回翻弄、折腾，直到玩腻为止。当然，这个口衔树棍、草枝玩耍的小动作，狮子一到六个月以上就不会再玩了。所以，狮子口衔草枝的图案或纹样的来源，跟狮子的本来习性应该没有太大关系，不会是一种狮子生活形象写照的延续和演化。

口衔树棍玩耍的小狮子

既然如此，作为典型的热带肉食性猛兽狮子，为什么会被塑造成那么调皮而可爱的口衔草叶、欢畅奔放的形象呢？难道这表示佛教的狮子被赋予素食的寓意？

在阿富汗地区出土的 2 世纪的一件金质短剑剑柄上面，是一个笨拙可爱的立熊的图像，它的三角形的脑袋和圆圆的耳朵是正面头像，而身体躯干则是侧面，看起来像是在舞蹈之中。它的嘴里衔着一个葡萄枝，圆圆的葡萄粒是用绿松石镶

口衔葡萄枝的熊，金质短剑剑柄，阿富汗国家博物馆

嵌出来的。研究者认为这个口衔葡萄枝的立熊，是制造者特意将熊这样一个肉食动物塑造成了一个快乐的吃葡萄的素食者。

同样来自古代伊朗地区的狮子衔草的经典图样，也应该同这个短剑上的熊一样，表示的是一个快乐的素食者。这样的寓意，就消减了狮子作为草原上最厉害的肉食动物的凶残形象，使之成为一个可爱、祥和的吉祥动物。

在《贤愚经》中，就记载了一个名叫坚誓的食草狮子，食果吃草，不害群生。由于它躯体金色，所以又被称作金狮子。释迦牟尼佛向弟子们讲述了金狮子一心向辟支佛问道，后来被贪心猎师所害的故事。

《大方便佛报恩经》卷7《亲近品第九》对这个故事的记载比较详细。故事说古代印度有个叫波罗奈的国家，人民炽盛，国土丰熟。国中有山名仙圣山，常有五百辟支佛僧人和神仙住在山中，所以很多猛禽巨兽也受到佛法感染。有一头狮子名叫坚誓，它身披明亮耀眼的金色毛皮，有大威武，发声哮吼，飞鸟堕落，走兽隐伏。它游行山泽之间，遇见一个威仪清净的辟支佛僧人，心生欢喜，日日亲近，听这位辟支佛沙门诵经说微妙法。

这时候，仙圣山附近的一位大猎师看到这头威武的金毛狮子，贪念顿生，有了一个坏念头，他想："如果猎获了这头身披金毛、威武无比的狮子，将它的金色毛皮献给国王，国王一定会因功而封我高官厚禄，我的子孙们世世享尽荣华富贵。"想到这里，猎师狂喜不已，他暗暗盘算道："这头坚誓狮子是兽中之王，我很难靠近，弓箭远距离不能伤到它，捕鸟兽的网也不能制服它。我必须设出一个不同凡响的计策来，才能达到目的。既然坚誓狮子最尊敬的人是山中修道的僧人，我何不扮作僧人，它若看见穿袈裟的我，必来亲附。等它靠近我了，便用毒箭头射杀它。"计谋已定，猎师便回家向家人说："我家祖先以来，历世相承常为猎师，但没有听说过有金毛狮子这样奇异的动物。如今我见到了金毛狮子，打算将它猎杀，所以需要剃须发、穿法服，假扮僧侣。"等打扮妥当，他就返回山中，坐在一棵大树下等待。

果然，金毛狮子见到僧人打扮的猎师，心生欢喜，腾跃亲附，前来卧在猎师身边。猎师大喜，暗暗拿出藏在袈裟下的弓箭射向金毛狮子。狮子被毒箭所伤，剧痛万分。它狂怒吼叫，奔腾跃起，本想扑向身穿僧服的猎师，但是心中突然又升起慈悲的念头，金毛狮子想："此人身穿僧人法服，我若毁坏法服，就是对佛法的不敬；我若夺其性命，便是违背佛陀慈悲不杀生的教导；人世间常有善恶不分的人和事，此人是恶人，怀毒阴谋要来害我，我如果再将他扑杀，冤冤相报，与那荼毒生灵的恶人有什么分别？修忍之人，一切爱敬。不忍之人，众所憎恶。我要学会忍，不应该再生这种毁坏生灵的恶心。"想到这里，金毛狮王坚誓就吟出一首偈言以明志："愿自丧身命，终不起恶心。向于坏色服，愿自丧身命。终不起恶心，向于出家人。"说完此偈，金毛狮子即便命终。猎师喜不自胜，脱了僧服，持刀剥下狮子皮，下山献给了波罗奈国的国王。国王见到毛色如此奇异的金毛狮子皮，果然欣喜异常，对左右大臣说："我从生来，未闻狮子身毛如此明亮金色，今日亲自眼见，奇哉怪哉！"然后国王又问猎师："你是如何猎杀这样雄猛的狮子王，获得其皮呢？"猎师于是一一将他设诡计猎杀狮子王的过程及狮子王所吟偈言告诉国王。

国王闻言，顿时心生忧恼，犹如被食物噎在喉咙，既不能下咽，也无法吐出，难受异常。他非常懊悔地对左右大臣及诸侯人等宣示说："诸君当知，我曾听大智大勇的贤者说过这样的话：若有狮子身毛金色必是菩萨。今日，这个恶猎师设诡计捕杀金毛狮子王，就是杀了兽中的菩萨。我今天如果以高官厚禄、金银珍宝赐给这个作恶的猎师，岂不也成了一个屠杀菩萨的万恶之徒了吗？"于是国王即宣布将那个猎师处以死刑，以示惩戒。随后，国王又亲自背负狮子皮来到金毛狮子被杀的那棵大树下，以牛头旃檀木为柴，火化了金毛狮子的皮骨尸骸，并建了舍利塔常作供养。

佛陀讲完这个金狮子与猎师的故事，就告诉阿难等身边的弟子们说，那个金狮子就是他自己，而猎杀狮子的猎师，就是他的堂兄提婆达多。提婆达多是个"恶比丘"，处处与佛陀作对，破坏僧团。

这个故事情节，在敦煌壁画中也有反映。莫高窟85窟晚唐壁画，就表现了《大方便佛报恩经》所记载的猎师为了得到国王的赏赐，用计诱杀金毛狮子的故事。画面上，狮子正腾身跳起，扑向猎师，狮子动势逼真，鬃毛被夸张地画成蓝色。

由上面的故事可以推断，敦煌莫高窟隋代壁画中的《对狮图》和何家村"鎏金双狮衔枝纹银碗"，所表现的就是佛经故事中的金狮子，

猎师猎杀金毛狮子，莫高窟85窟壁画

它们是食草吃果、不害群生的吉祥狮子，所以艺术家就塑造了它们快乐衔草的可爱形象。

狮子吃草而生，这是一个非常美好的愿望，也是对佛法无边、化度猛兽的生动描写。在汉译的佛教文献中，有黑狮子、黄狮子、白狮子、青狮子。在泰国的佛教传统中，则有四种狮子，即以食草为生的草狮子、体型类似黑牛也食草为生的黑狮子、以食肉为生的黄狮子、擅长做狮子吼的长毛狮子。那么所谓的草狮子、吃草的黑狮子和佛经中所说的金狮子，显然是狮子衔草的创作源头。

三

狐假狮威

《战国策·楚策》中有一个狐假虎威的故事。

说虎求百兽而食之，抓到了一只狐狸。狡猾的狐狸撒谎说："你怎么敢吃我呢？我是天帝派来掌管百兽的使者。你如果吃了我，就是违背了天帝的命令。"老虎哪里肯信，狐狸就赌咒发誓地说："你不相信也可以，但让我证明给你看一下。你放开我，我在你前面走，你随在我后面，看看是不是其他野兽见到我都怕我、避让我。"老虎将信将疑，于是就照做了。结果看到沿路碰到它们的野兽都纷纷惊慌失措地夺路而逃。于是，老虎也信以为真，把这只狡猾的狐狸当作了百兽之王。它哪里明白，百兽们怕的不是走在前面的狐狸，而是尾随之后的老虎大王自己。

在佛经里面，佛陀也讲过类似的故事，不过上当的不是老虎而是狮子，大言欺世、伪装百兽之王的有鬣狗，也有狐狸。

先说鬣狗伪装百兽之王的故事，这个故事记载在《根本说一切有部毗奈耶破僧事》卷 20 中。

很久很久以前，大草原上曾有一头鬣狗，是个狂吃胡喝的饕餮客。它在村落市镇间游来荡去，寻找一切可吃的东西。有一天，这头鬣狗来到一个染匠的院落，寻食不着，不小心掉进了盛满蓝靛颜料的染缸里，它极力挣扎，被淹得大佛出世二佛升天也没爬出来，最终被主人家发现，把它捞出来扔在了泥地上，结果弄得灰头土脸、狼狈万分。这头鬣狗见自己全身上下污浊不堪，于是到河中洗去泥土污秽，发现蓝靛颜料已经将它的毛染成了幽幽放光的蓝色。

浑身披着幽幽蓝色毛皮的鬣狗回到森林，立刻引来其他鬣狗的围观，它们被自己同类的这种蓝色毛皮给惊呆了，就问它："你这副样子，到底是何人呢？"回过神来的蓝皮毛鬣狗开始得意扬扬了，它夸口说："我是帝释天王派来的使者，天王册封我做禽兽之王。"这番话一说，其他鬣狗也半信半疑，暗暗寻思："看它身体是鬣狗，但是皮毛的颜色却不是啊？"于是它们忙不迭地将这个情况报告了狮子，狮子也无法判断这个蓝皮毛的家伙到底算是个什么东西，又忙不迭地报告了狮子王。

于是狮子王就派遣了一个使者去查明情况，使者到了鬣狗居住的地方，看到那个蓝色皮毛的鬣狗正乘坐在大白象背上耀武扬威呢，周围各种大小禽兽如侍奉狮子王一样战战兢兢地侍奉着这个不可一世的鬣狗。见此情景，使者赶忙返回，将自己所见一五一十地报告了狮子王。

要知道，大白象可不是谁都能骑的。在大象栖息生长的国家，白色的象是非常稀少的，所以被视为珍宝。一般的大象可以用来劳动，但是白象只能用来供养，只有国王或圣贤才可以骑乘它们，现在蓝毛皮鬣狗骑上了白象，也就意味着它已经被群兽认可为万兽之王了。

狮子王这才觉得情况不妙，于是率领着他手下那些大大小小的侍从们亲自前往查验，果然见到那个蓝色鬣狗骑在大白象背上，老虎、豹子为其左右，鬣狗之类的小兽们远远躲避在一旁，都不敢靠近一步。见此情形，狮子王也有点信以为真，就没敢轻举妄动，但是它心里的那个懊恼，真的是难以言说。于是它心生一计，又派遣一头鬣狗找到了这个蓝皮毛鬣狗的母亲，戳穿了它天帝使者的谎言。于是那些远远躲在一边的鬣狗们就不再害怕，决定试一试真假。

据说，鬣狗是喜欢群鸣的动物，如果有一只鬣狗鸣叫，其他鬣狗也必定要随之而鸣；如果不鸣叫的话，身上的毛就会瞬时脱落。所以，鬣狗们为检验这只蓝皮毛的鬣狗是否是天帝使者，就发声鸣叫起来。骑在象背上装作万兽之王的蓝皮毛鬣狗听到同类的鸣叫，就明白大事不好。它暗暗寻思："我若不鸣，毛便落地。若下象作鸣叫声，必被它们咬杀。我应该在象背上鸣叫，高高在上，让它们奈何不得。"于是它也发出了鬣狗的鸣叫声。大白象一听此声，明白了骑在自己背上的不过是个鬣狗而已，哪是什么百兽之王，大怒之下，用长鼻子将这个正在鸣叫的蓝皮毛鬣狗卷起来使劲儿地甩到地上，用粗大如柱的象脚将其踏杀——可怜蓝皮毛鬣狗的美梦至此结束。

按佛陀的说法，这个蓝皮毛鬣狗就是他哥哥提婆达多的往世前身。

提婆达多是释迦牟尼的堂兄弟，阿难的亲兄长。佛典中记载他聪明绝顶、有大神力、颜貌端正，但是他却破坏僧团，处处与佛陀敌对，所以被归入"恶比丘"一类。释迦牟尼在说法之时，往往把所讲故事中的那种反面的丑恶角色说成是提婆达多的前身，以此来告诫弟子们正信佛法、维护僧团。

当然，这仅仅是一个故事，鬣狗的叫声是一种非常恐怖的咯咯傻笑声，哪个鬣狗都不会因为叫或不叫就体毛脱落，那只是佛经故事中的一个说法而已。但是，鬣狗那咯咯傻笑的恐怖叫声，确实是群体中相互联络协调、辨别身份的办法，其内容包括辨别年龄、领地控制权和身份。更具体地说，高音调的咯咯笑声是鬣狗在表达自己的年龄，而音调变化表达了它的控制权和附属关系。通常，鬣狗在寻找食物和群体间进行竞争时会发出咯咯的傻笑声。

佛经中，鬣狗被称作"野干"，它的长相本来就邋遢奇丑，不容易让人产生好感，所以在佛经故事中，就常以丑陋、贪婪的形象出现在狮子身边。

然而，据现代动物学家的研究，鬣狗是狩猎高手，它们主要依靠群体的力量勤勤恳恳地狩猎，鬣狗的绝大部分食物都是靠自己的辛勤劳动获得的。而雄狮作为"王者"，因为它们体形高大、鬃毛显眼，狩猎的成功率往往很低，离开雌狮群的雄狮，更多的时候靠抢夺鬣狗和猎豹的食物为生。据说，流浪在狮群外的雄狮的大约一半的食物是从鬣狗那儿夺来的。当饿极了的时候，狮子也吃腐烂的动物尸体，这是它们作为王者极不光彩的一面。

鬣狗称王的故事就讲到这儿，下面我们看看佛经中记载的狐狸称王的故事——这是一则"狐假狮威"的故事。

狐狸是我们所熟悉的动物。狐属哺乳纲食肉目犬科动物，在我国分布很广，很早以前古人就对狐的狡猾、多疑的特点有所认识，形成许多有关狐的成语故事，"狐假虎威"就是其中之一。相传狐能修炼成精，所以唐初以来，百姓多事狐神。1970 年 10 月陕西省西安市南郊何家村基建工地唐代窖藏出土的唐代鎏金双狐纹桃形银盒，就以双狐来装饰，具有驱邪祈求平安的寓意。

在佛陀所讲的"狐假狮威"的故事中，狐狸的聪明、狡猾、多疑被表现得比较充分。这个故事记载在《五分律》卷 3 中。

传说在很古的古代，有一位摩纳（即仙人）在深山石窟中诵读刹利书。山中有一只野狐就住在摩纳的岩洞旁边，专心听诵经书，天长日久，竟让它听出些味道来，体会经义，心有所得。狐狸窃喜，骄

鎏金双狐纹桃形银盒，陕西历史博物馆

妄之心顿生，涌起了这样一个念头："像我这样能领悟刹利书微言妙义的狐狸，应该足以作兽中之王了。"有了这样的念头，它压制不住内心的兴奋，就不再安心于静听诵经，起身到山中游荡，想找机会将狮子王取而代之，称雄群兽。

现在，为了把这个自命不凡的狐狸同其他狐狸区分开，我们暂且称它为"诵经狐狸"。

当"诵经狐狸"正在山中游荡时，碰到了另一个瘦弱不堪的小狐狸，于是它就扑上去，装作狮子王那样凶狠地想杀了这个羸弱的同类来立威。可怜而瘦弱的小狐狸惊慌失措地问道："您为什么要取我性命呢？""诵经狐狸"回答说："我是百兽之王，你不向我臣服，所以我要杀了你。"小狐狸求情说："原来您是大王呐！大王，求您不要杀我，让我做您的随从吧。"于是"诵经狐狸"就放过了这只小狐狸，让它跟着自己一起在山林中巡游，当它俩碰到又一只狐狸的时候，"诵经狐狸"又像对待那个瘦弱的小狐狸一样先威胁、后收复。这样周而复始，使得山林中的狐狸们都臣服于"诵经狐狸"做侍从。如此这般，口口相传、危言耸听，那些豹子、虎、狮子也都被"诵经狐狸"用这种手段降服。最终，狡猾的"诵经狐狸"被这些野兽拥戴为山林中的百兽之王。

这下子"诵经狐狸"可不得了啦，它的骄妄之心如烈烈燃烧的邪焰一样，早就不知道自己有几斤几两啦。它狂妄地宣称："我现在已经是万兽之王，可不能再找个身处兽类的狐狸老婆啦。"于是它便耀武扬威地骑在大白象背上，率领着成千上万的狮子、豹子、狐狸等野兽，将国王的王城迦夷城层层叠叠地包围了起来。

国王看到这么多的野兽围城咆哮，就派遣使者前去责问道："咄！野兽们，围堵王城，意欲何为哪？"不可一世的"诵经狐狸"大喇喇地口出狂言："我是万兽之王，应该迎娶国王的女儿作我的王后。如果把公主嫁给我，我们就友好相处；如果不答应，我就灭了你们的国家。"使者大惊，马上如实回禀国王。

国王束手无策，召集群臣商议。结果众大臣纷纷上言说应该把公主嫁给这个势焰熏天的野狐狸，他们说："国王您所依靠同群兽作战的，只有驯化的大象和战马而已。可是野狐的队伍中有那么多的狮子，我们的大象、战马见到狮子就会浑身发抖、软如稀泥，还怎么可能与之抗衡呢？不能为了一个女人就毁了我们的王国，还是答应条件，把公主嫁给野狐吧。"

但是有一个机智而勇敢的大臣力排众议，倡言灭狐。他对国王说："自古至今，没有听说哪个国王的高贵的公主嫁给了下贱的野兽异类。微臣虽然算不上个聪明人，但是有办法诛杀这个下贱而狡猾的野狐，使得群兽各各散走。"国王即问他："那你有什么妙计呢？"大臣回答说："大王您只管派使者告诉它们，一定会按约定同野狐开战，一决胜负。只是等到开战的那天，请野狐答应我们一个条件，让它们的狮子先战斗后吼叫。这样一来，野狐就以为我们怕它们狮子的吼叫声，一定会下令让它们的狮子先吼叫然后再战斗。在开战的那天，大王您下令让城内的大象战马、军民人等塞上耳朵就可以啦。"

国王接受了这个聪明大臣的建议，遣使约定同野狐率领的兽军开战，并提出了那个不让狮子吼的条件。为了进一步迷惑野狐，在开战当日，又一次派遣使者去强调说："万兽之王，您的狮子可要千万先战斗再吼叫啊。"

野狐果然以为国王的军队怕狮子的吼叫声，结果两军刚一对垒，它就下令自己队伍中的狮子群发出吼叫。无数狮子齐声一吼，声音惊天动地，群兽顿时撕肝裂胆、屁滚尿流，惊慌失措地四散而逃，还哪里顾得上什么狐狸大王。

那个骑在大白象背上的狐狸大王，也被狮吼声吓得筋骨酸软、魂飞魄散，从狂奔的大白象背上摔将下来，瞬间成了肉泥。

第六章

欧亚大陆的狮子舞

　　从欧洲神话传说中的小天使丘比特开始，狮子就在人类的想象中被当成可爱的大猫。欧洲马赛克壁画中有丘比特戏耍狮子王的场景，而魏晋南北朝时期传入中国的西域器物上，也有深目高鼻的胡人耍狮子的图像。南北朝后，狮子舞就是由人假扮狮子，然后再由体能超强、能活蹦乱跳的狮子郎装作戏耍狮子的样子。在唐代，这种成熟而大型的狮子舞曾属于宫廷音乐，有一点演武的性质，不是谁都能享受的。

一 戏狮子与五方狮子舞

从唐代文献开始，就记载有各种狮子舞在民间或宫廷流行，如一种来自龟兹的宫廷舞乐《五方狮子舞》，就属于宫廷乐部的西凉伎。此外，还有《黄狮子舞》、《九狮子弄白马》等，都是现在狮子舞的早期形式。

这种把猛兽狮子作为戏耍对象的艺术形式，唐代之前从龟兹及中亚地区传入中国，其最初的源头可能在西亚甚至更西的欧洲地区。

在所有的猛兽里面，狮子凶猛、威严、不可战胜，有王者气度。然而，人类文化的一件特殊功能就是能把原本冰冷冷、硬邦邦的那些动物或事情人情化、浪漫化，把它创作成可爱的动物图像，或者编排成魅力四射的温情故事，让它进入人类的感情世界。

现实存在的动物狮子当然不好惹，但是小天使丘比特却不把它当回事情——这是古罗马艺术家在镶嵌画里面表达出来的。

这幅"丘比特戏弄狮子"的镶嵌画是古罗马时期（约前70 —前10）的作品，出自意大利那不勒斯，石质镶嵌块画，高37.7厘米，宽37.2厘米。画面展现了四个小爱神丘比特戏弄一只被缚狮子的场景。

前面最显著位置的丘比特拉着一条绑着狮子后腿的绳子，右上角位置的丘比特像斗牛士一样抖着一块布。狮子

丘比特戏弄狮子，大英博物馆

后面的丘比特有一部分损坏了，但推想他可能拿着一张弓，因为他左侧的同伴拿着一个箭袋。后面山丘上站着的是酒神巴克斯。

这个镶嵌板是一种浮雕装饰，常被设计成简单的地面或墙面的中心。这种浮雕装饰最初是从希腊化的地中海东部地区进口的，在那里，特别是像帕加马、以弗所、亚历山大里亚等城市，有专门的艺术家以此为业。

在艺术家的作品中，小爱神丘比特戏弄的是真正的猛兽狮子，并且各有分工，有的随时准备用绳子或弓箭制服狮子，有的还拿着一块布像斗牛士那样戏耍、逗弄狮子。

有趣的是，在宋代人绘制的《百子嬉春图》中，五个儿童舞狮的场景，竟然同古罗马时期的这幅"丘比特戏弄狮子"的镶嵌画惊人地相似。

中国宋代民间舞蹈活动非常兴盛，舞狮子是其中的重要项目。《东京梦华录》卷七《驾登宝津楼诸军呈百戏》记载了"驯豹上场"一节，表演的就是狮子舞。南宋苏汉臣所绘的《百子嬉春图》中有狮子舞，两个小孩披着狮子皮装扮成一头狮子，旁边四个小孩或牵狮头，或持小鼓追赶狮子，或舞蹈嬉戏。场面欢快轻松，孩童活泼动人，充满了喜庆的气氛。还有一件金代砖雕中的《儿童舞狮子》，也是此类作品，人扮的假狮子看起来笑意吟吟，四个戏狮的孩童或前或后，手拿绣球、敲着小鼓小锣，欢畅而调皮地随着狮子奔跑。

儿童舞狮，《百子嬉春图》

唯一不同的是，小丘比特戏弄的是真狮子，而苏汉臣笔下和金代砖雕中的孩童戏玩的是人扮的

狮子舞，砖雕摹本

狮子。前者表现出小爱神的调皮与狮子的无奈，而后者则表现出儿童的欢畅与狮子的可爱。这是一个极大的差别，在中国文化中，不产于本地域的狮子已经没有了猛兽的凶残和力量，有的只是想象出来的、像小狗一样的可爱与好玩。

自南北朝起，舞狮子就传入了中国，据《洛阳伽蓝记》卷1的记载，北魏时期洛阳的长秋寺有"六牙白象负释迦"的佛像，在每年的四月四日都要请出此像，作行像仪式。在行像队伍的最前面，就有"辟邪狮子"开路做向导，因为这个辟邪狮子是同百戏一起出现的，所以它可能就是人扮演的，可见这时候已经有了舞狮子的萌芽。

而据《宋书》卷76《宗悫传》记载，445年，南朝刘宋将军宗悫率大军讨伐林邑国（今越南中部的一个古代小国），为对付林邑王骑大象的军队，就让士兵们制作假狮子出战，使得对方的大象惊慌逃窜，从而大获全胜。这也可以说明在南北朝时期，由人来扮演狮子的做法已经在不同场景下出现。

从现有资料来看，早期来的胡人表演的狮子舞，可能会带真的、驯化了的狮子出场。如山西出土的一件北齐时期的青釉人物狮子扁壶，就表现了胡人舞真狮子的场景。

这件青釉人物狮子扁壶是1956年春在太原市西郊出土的，现存山西省博物馆。壶作圆口扁腹。高28厘米，最宽16.1厘米，出土时口部打掉一块，现已修复。灰白细缸胎，淡青黄色釉，与太原唐墓中出土的青瓷相类似。壶的正背两面纹饰相同，显系模制。口缘与底座周边饰以连珠纹与叠带纹，颈部饰云纹，其边角处有小钉纹。壶的两侧各浮雕一像头，巨耳细目，长鼻下垂至壶底，鼻内侧各垂珠练一串，下围至底与左右相连接，构成了壶腹主纹的边框。

壶腹浮雕胡人和狮子。正中立一胡人长发短须、深目高鼻，着长衣，腰束带，足穿高腰靴。胡人左右各有一昂首翘尾蹲坐的狮子。狮子背上角，各露出一人来，作舞球状。这件瓷壶从形制、纹饰与表现方法等方面来看，都具有西方风格。而浮雕手法和颈部加出的一层有包嵌意味的云纹，都显示出它可能系效仿金属扁壶而烧成的。然而就瓷胎色釉等方面来看，它又和太原唐墓中出土的青瓷类相似。

瓷壶上表现的这两个相对而立的狮子，看不出来是人扮的迹象，应该是真狮子无疑。它虽然不能可靠地证明胡人曾在中原舞真狮子，却可以形象地说明胡人至少曾经在狮子的分布地域，如西亚或中亚地区有戏耍真狮子的传统。

而至迟自南北朝以来，由西域胡人装扮出来的假面狮子舞已经在中原地区流传。

显然，最初扮演狮子舞的都是来自中亚的胡人，《乐府杂录·鼓架部》有"戏有代面，始自北齐"的说法。就是说自北齐开始，百戏中开始流行戴假面具。

为什么要戴假面具呢？其中一个重要因素就是许多从西域传来的舞蹈、百戏原本是胡人表演

青釉人物狮子扁壶，山西省博物馆

胡人戏狮，漆盒雕刻

的，现在由中原人来表演，戴上胡人模样的假面具就是理所当然了。况且，只有人戴上假面具、披上假毛皮，才能扮出活蹦乱跳但又没有伤人危险的狮子来。

在来自西域的狮子舞中，狮子郎戴面具扮作胡人的这一传统根深蒂固，直到明代人的图像绘制中，还是喜欢把舞狮子的人绘成胡人模样。如明代漆盒上雕刻的戏狮，就是这样一件典型作品。戏狮者卷须深目，完全是一个胡人的形象。他双臂高举、用力舞动长袖，摆臀拧腰，一腿提起，一腿蹬地作跃起姿势，双目炯炯瞪视狮子。而狮子则顽皮地环绕戏狮人，欢畅奔跃。整个画面如处于风动云行之际，虽然充满张力与动感，但却又显得轻松欢快。

这种喜庆、祥和的假面狮子舞从一种胡人文化融入中华文化，是有一个逐渐变化的过程的。到唐代，狮子舞已完全融入中原王朝的宫廷文化和民俗表演中了。

唐代的狮子舞表演，有很浓厚的异域色彩，它总是同胡腾舞一起出场，如昭武九姓中的米国，位于现在的塔吉克斯坦片治肯特地区，自开元年间起就到唐朝廷朝贡，每次来到宫廷，其朝见的程式都是"献璧、舞筵、狮子、胡旋女"，那就是向唐朝皇帝贡献美玉，然后在宴饮中献上粟特风格的舞蹈、舞狮子和粟特女郎的胡旋舞。

在考古发现的一些唐代装饰图案中，往往以跳胡旋舞的舞人和骑狮子的胡人狮子郎作装饰。如刻于唐开元九年（721）的《唐兴福寺碑》碑侧花纹就是这样的典型。它是以双波交汇的忍冬纹作主框架，图案上部是一个神鸟或凤凰，中部是两个甩着长袖子在莲花朵上跳胡腾舞的西域女子，下部是一个坐在狮子背上吹笛子的狮子郎或乐人。狮子雄健威猛，张口迈步作行走状，整个图案如风行云绕，将狮子舞与胡腾舞之间那种动静相生、节奏互协的表演场景刻画得生动而细致。

正是因为唐代的狮子舞与胡旋舞的这种密切的共生关系，所以唐代诗人元稹在《和李校书新题乐府十二首·西凉伎》一诗中将之并列赞美道：

胡人骑狮，《唐兴福寺碑》花纹

狮子摇光毛彩竖，胡腾醉舞筋骨柔。

大宛来献赤汗马，赞普亦奉翠茸裘。

白居易的《西凉伎》一诗，其前半部分惟妙惟肖地展现了当时的西凉伎中假面狮子舞的情况：

西凉伎，假面胡人假狮子。

刻木为头丝作尾，金镀眼睛银帖齿。

奋迅毛衣摆双耳，如从流沙来万里。

紫髯深目两胡儿，鼓舞跳梁前致辞。

应似凉州未陷日，安西都护进来时。

须臾云得新消息，安西路绝归不得。

泣向狮子涕双垂，凉州陷没知不知。

狮子回头向西望，哀吼一声观者悲。

贞元边将爱此曲，醉坐笑看看不足。

娱宾犒士宴监军，狮子胡儿长在目。

……

　　这时候舞狮子的已然不是胡人，而是戴了胡人面具的中原人。狮子是金眼银齿，舞狮郎是"紫髯深目"，但这都是画出来、扮出来的。这种来自安西之西的狮子舞，总是会让人们想起那远在西域的边关，所以这个节目也是那些边关将士最爱看的节目之一，是边关军队欢迎客人、犒劳军队、宴饮作乐时必看的节目。

　　扮狮子的是一前一后两个人，1960年新疆阿斯塔那出土一件唐代的舞狮俑，该俑长11.6厘米，高13厘米，宽5.5厘米。其中的假狮子双目凸出，口虽然大张，然无半点凶猛的意思，倒如嬉笑一般，微微歪着脑袋，显出祥和可爱的一面。从这个陶俑，我们可以对唐代舞狮的具体形象有了直观生动的了解。

舞狮俑，新疆维吾尔自治区博物馆

　　从古罗马时期的"丘比特戏弄狮子"的镶嵌画来看，公元前的地中海地区就有戏狮子的传统，那么在以美索不达米亚为中心的西亚及中亚地区，由于狮子在这一地区古代社会的广泛分布，无疑使狮子的驯化与表演成为一种流行的技艺或项目。从东汉以来就不断向中原王朝进贡狮子的中亚诸国，所贡的当然都是经过驯化、有一定表演能力的狮子。

由人来装扮的假面狮子舞，可能是从龟兹地区传来的，因为在唐代文献中，狮子舞属于西凉伎，而西凉伎又被称为龟兹伎。按《乐府杂录·龟兹部》的记载，来自龟兹的五常狮子舞，由 5 个穿不同颜色毛皮的人扮狮子，每个狮子有 12 个戴红抹额、穿彩衣、执红拂子的狮子郎围绕着戏弄、逗舞。当然，这属于宫廷乐。

无论是进贡来的真狮子还是这种假面的狮子舞，它都是中亚国家进贡到中原王朝的宫廷来的，所以真狮子在中国古代一直是皇家宫廷动物，不是谁都能随便见到的，狮子舞也是宫廷音乐舞曲的组成部分，也不是随便谁就能看到的。

按唐朝礼制规定，只有在大的朝会等外交活动的时候，才能表演宫廷的五常狮子舞。

五常狮子舞，也被称为五方狮子舞，它具体由掌管皇家宗庙祭祀事务的正三品长官太常卿来管理，属于唐代宫廷乐部的九部之一《太平乐》。五常狮子舞一旦表演，除了狮子郎之外，还有 140 人的歌咏队伍一边歌唱《太平乐》，一边配合狮子跳舞，场面宏大，气势不凡。

因为西亚、中亚地区历史上是亚洲狮的分布地带，狮子戏又是一种流布广泛的传统技艺，所以传到中原来的舞狮子不会仅仅是龟兹的五常狮子舞，只不过它被列入皇家宫廷乐部，具有崇高的地位。当时应该还有一些来自中亚龟兹以外地区的狮子舞，如著名诗人王维在作太乐丞的时候，因为允许伶人舞《黄狮子》而被朝廷惩罚，可见朝廷对于宫廷舞乐之外的其他狮子舞是持压制或严禁态度的。

当然，像狮子舞这样充满了祥和气氛的艺术，随着西域商人、使者、传教者在以长安为中心的中原地区的频繁活动，自然会很快突破宫廷乐部的限制，在民间发展起来。在宋人的绘画等艺术作品中，民间的狮子舞已经非常成熟，完全本土化了。

二

胡人骑狮

胡人骑狮是中国传统狮子雕像中的一个特殊艺术母题，主要雕在石质拴马桩的柱头上。其造型比较多，最常见的大概有三种类型：第一种是胡人骑在狮子背上，狮子暴眼巨口、四爪遒劲，似处于咆哮奔跃中，动感极强；第二种是胡人牵着狮子，满脸笑容，气氛轻松惬意；第三种则是胡人骑在狮子背上，而在胡人背上或身边则又趴着一头或数头小狮子，整个画面充满了脉脉温情。

胡人骑狮拴马桩，石雕，私人收藏

狮子是外来物种，自然不会有哪个华夏人有骑狮子的本领，倒是那些来自西域的驯狮子的胡人才会有机会和能力。如在唐代的石刻作品中，就有吹乐器的西域胡人骑在狮子背上的形象。万花丛中，乐音袅袅，衣带飘飘，这样的场景使得狮子更具吉祥如意之感。而唐高宗时期出现于五台山地区并流行于东亚诸国的文殊菩萨骑狮子的造像中，那个牵狮子的胡人就被认为是于阗国王。

狮子纹，石刻

因而，这种胡人骑狮的艺术造型，也可以称之为胡王骑狮。据《东京梦华录》卷8《重阳》记载，宋代东京开封在过重阳节的时候，要在做好的糕点上塑造狮子蛮王之状，称之为狮蛮。可见这种狮子与蛮王的造型，最初表现的可能就是西域地区的国王征服狮子的形象。

国王征服狮子的文化母题，是北非、西亚及波斯等国比较流行的，如在古埃及，就有国王站在狮子背上的造像。收藏于大都会艺术博物馆的一件公元前 664 年左右的作品，是一件护身符，表现了一位埃及法老站在狮子背上的情景。而在图坦卡蒙墓出土的一件雕像中，法老图坦卡蒙也是站在狮子背上，正欲开始他的冥界之行，狮身的颜色是象征着邪恶的黑色，但是同太阳神相连的法老则金碧辉煌。

此外，骑在狮子背上的还有各类神仙，譬如西亚的娜娜女神、印度的度尔伽女神等。古埃及地区出土过一件神或王侧身坐在狮子背上的造像，可能同中原地区胡人骑狮的造型比较相近。在这件大约是公元前 2—3 世纪的蓝色彩陶骑狮子

于阗国王为文殊菩萨驭狮，壁画，安西榆林窟第 19 窟西壁

站在狮子背上的埃及法老护身符，大都会艺术博物馆

站在狮子上的法老图坦卡蒙，图坦卡蒙墓出土

坐在狮子背上的神，蓝色彩陶，大都会艺术博物馆

的造像中，狮子鬃毛飞扬、张口作吼，尾巴卷起，腿爪粗大有力。骑在狮子背上的神或王穿着厚重、竖条形纹路的长袍，头上是波浪卷发或戴一种皮毛冠，左手提着一个桃形的袋状器物，右手拿着一细长的杖或花茎之类的东西。2010 年发布的唐玄宗惠妃武氏（谥号"贞顺皇后"）的石椁上面，就有胡人驯狮子的线刻图像。画面上鬃毛飞扬的狮子已经被完全神化，身边、足下环绕着团团云朵。

牵狮子的胡人也是衣带飘飘，状类天人。所以，胡人骑狮这种艺术造型，其实包括神仙骑狮、胡王骑狮及西域驯狮人骑狮等几种主题，而中国明清时期的胡人骑狮石雕品中，有一种胡人又被雕为披甲戴盔的武将形象，可见骑狮胡人在雕刻艺术家的意识中又有勇士或武将之意。这显然同欧亚交界地区流行的英雄赫拉克勒斯、吉尔加美什斗狮子等主题又有千丝万缕的联系。

狮子文化是东汉时期从西域传播过来的，魏晋南北朝时期狮子作为一种守护者或吉祥的图像，在华夏地区已经非常流行，胡人骑狮在

胡人驯狮子，唐贞顺皇后石棺椁线刻画

西晋时期的器物中就出现了。

山东临沂洗砚池晋墓就出土了两件西晋时期的神仙或胡人骑在狮子上的雕塑品，这是此一母题造型在汉唐之间的中华大地流行的明证，也是中亚文化融入汉文化的一个代表。

第一件仙人骑狮铜器，人兽通高18.9 厘米，兽身长 14.2 厘米，宽 8.5 厘米。该器造型奇异，制作精美。为一仙人骑一雄狮。仙人长脸大耳，两眼微睁，嘴唇微闭，有胡须。头顶插一圆管形帽，中间有凸棱，帽顶端为一片状呈花瓣形饰。仙人上身裸露，下穿长裤，双手平伸，左手握一圆筒形器，应为插烛之用，右手掌向上作托物状，双腿骑坐在一雄狮上。狮身肌肉饱满，昂首张口，双目圆瞪，颔下长须，颈饰鬃毛纹，长尾下垂，四足雄踞。显然，这个仙人戴的这种又高又细的圆管形的帽子，绝非汉民族的服饰打扮，应该是表现来自西亚或中亚地区的某个神仙。

第二件是胡人骑狮青瓷水注，人狮通高 27.1 厘米，狮身长 20.5 厘米，宽 10.1 厘米。一胡人浓眉大眼，两眼圆睁，高鼻大耳，络腮胡须，髭须上

仙人骑狮，铜器，山东临沂洗砚池晋墓出土

胡人骑狮，青瓷水注，山东临沂洗砚池晋墓出土

翘。头戴网纹卷沿高筒帽，帽中间饰有凹弦纹，帽后两带交叉下垂。身着圆圈、十字形纹衫裤，足穿网纹履，端坐于狮子背上。左手揪狮耳，右手执扇子于胸前，目视前方，呈驾驭雄狮的威严气派。卧狮怒目张口，獠牙外露，颌下有须，长尾呈树叶状下垂，尾尖上卷，狮身印有圈形斑纹，篦画鬃毛，通体施青釉。

洗砚池 M1 晋墓的墓主人是三个未成年人，他们分别是约 1 岁、3 岁、7 岁，但是墓中的陪葬品有非常精美的铜器、瓷器、陶器、漆器、金银器等 270 余件，可见其家族身份地位非常高。

在这样一座墓中陪葬具有异域风格的仙人骑狮的青铜烛台和胡人骑狮青瓷水注，说明异域文化已经成为其生活中的一个重要部分。

尤其引起我们注意的是，两晋时期出土的狮形的青瓷水注比较多，虽然大多并没有被做成胡人骑狮的样子，但是因为整体造型是肥

狮子形水注，浙江绍兴地区出土

硕健壮的狮子背上有一筒状水口，所以一般都被认为是文房磨墨用的盛水器——水注。这件浙江绍兴地区出土的狮形水注就是个典型器物，而此类狮形的水器在古代欧亚交界地带就比较常见，如在塞浦路斯和古罗马遗址都曾出土过这种赤陶狮子形水器。

欧洲发现的这种水器在大小上跟中国两晋时期的青瓷狮子水注差不多，唯一的差别是前者的进水口在背上，出水口在狮子口部，而后者只有一个背上的水口。

有意思的是，在欧陆比较流行的英雄参孙斗狮子的场景，也被表现成骑在狮子形水罐上面的样式，同山东临沂洗砚池西

古罗马赤陶狮子形水器，大都会艺术博物馆

英雄参孙斗狮形青铜水罐，
大都会艺术博物馆

狮钮铜熏炉，中国
辽代晚期

狮子纯金角杯，波斯王朝

晋墓出土的胡人骑狮青瓷水注具异曲同工之妙。

参孙是《圣经》士师记中的犹太人英雄，他生于公元前 11 世纪的以色列，曾徒手击杀雄狮。这个来自德国的青铜水罐，是 14 世纪的艺术品，表现的就是参孙征服雄狮、骑在狮子身上的形象。参孙半跪在巨大的狮子身上，双手掰着狮子那张开的血盆大口。

显然，这件 14 世纪的德国青铜水罐，同古罗马那种赤陶狮子形水器是一脉相承的器物，它是用来浇水洗手的实用器物，在功能上同中国的水注类似，都是一种滴水器。两相比较，可以发现欧亚文化在小小器物上所表现出的交流与影响。

当然，将狮子的形象设计成各种宗教或世俗生活的用具，不仅仅是这种水罐或水注，还有香炉、角杯等。如公元前 5 世纪波斯王朝的这种纯金的狮子角杯和中国辽代晚期的狮钮铜熏炉即是典型代表。

第七章

狮子的勇猛与
国王的威权

在狮子曾经生活的地域，手刃狮子的英雄们被经久传诵着。靠格杀狮子出名的神一样的英雄，在西亚有吉尔伽美什，在欧陆有赫拉克勒斯、参孙。这些以力量和技巧而勇斗猛兽的人物，成为欧亚大陆文化中世代传诵的英雄，被人们敬仰。在座椅上雕刻、铸造或画上狮子的形象，形成威严而神圣不可侵犯的狮子座，最早应该是古埃及文化的创造。随后，这种骑在假狮子身上抖威风的做派被无数个国王们所沿用——从西亚到中亚，一直到丝绸之路的中国段，都有国王们坐在狮子座上威风八面的记载。

国王的狮子座

古代的国王们为了维护统治，不是把自己比喻为神，就是干脆把自己的家族说成神的亲戚，这种观念表现在现实生活中，就免不了要把一些常人无法支配的大型凶猛的动物意淫成自己的坐骑，狮子座即是其中之一。

再厉害的国王也没有骑狮子的本事，这一点他们自己比谁都清楚，但是他们倒是可以骑在狮子图像上，以此来装作骑在狮子上的威风和模样。

在座椅上雕刻、铸造或画上狮子的形象，形成威严而神圣不可侵犯的狮子座，最早应该是古埃及文化的创造。随后，这种骑在假狮子身上抖威风的做派被无数个国王们所沿用，从西亚到中亚，一直到丝绸之路的中国段，都有国王们坐在狮子座上威风八面的记载。

我们现在能见到的最早的狮子座图像，是古埃及法老哈夫拉（Khefren）雕像中的狮子座。

现藏于开罗博物馆的这尊坐在狮子座上的哈夫拉的雕像，是用闪绿岩雕刻而成，高168厘米，哈夫拉法老端坐宝座，脑后是神鹰荷尔斯神庇护着他。

哈夫拉是埃及第四王朝的第三位法老（约前2558—约前2533），他继承了胡夫

哈夫拉法老端坐狮子宝座，开罗博物馆

的王位，在吉萨修建了埃及第二大的金字塔哈夫拉金字塔，以及它的附属建筑著名的狮身人面像。此雕像坐西向东，高21米，长57米，除了长达15米的狮爪是用大石块镶砌外，整座像是在一块含有贝壳之类杂质的巨石上雕成。

埃及大金字塔狮身人面像

据说是哈夫拉开创了雕刻狮身人面像的先例，后世的国王们也纷纷效仿，因为埃及人崇拜狮子的强悍与威武，所以觉得将自己的面孔安置在狮身上可以显示自己的威风，借此将自己的名声传播至千秋万代。所以希腊人过了两千多年之后在托勒密王朝时期（前305—前30）跨越地中海来到埃及，当他们站在哈夫拉的狮身人面像前时不禁惊呼："斯芬克斯！"斯芬克斯是古希腊神话中一个住在德贝附近的怪物，专向路经此地的人们提出稀奇古怪的问题，当人们回答不出时就会被它一口吃掉，后来被著名的俄狄浦斯王破解了谜底，斯芬克斯因此而自杀身亡。

哈夫拉狮子宝座之后，发现的最形象也是最为传神的狮子宝座是埃及国王图坦卡蒙墓出土的。

图坦卡蒙（前1341—前1323）是古埃及新王国时期第十八王朝的法老，他9岁君临天下，19岁暴亡，死因曾一度悬于谋杀，图坦卡蒙并不是古埃及历史上功绩最为卓著的法老，但因数千年后其古墓曝光于世，成为最著名的法老之一。

图坦卡蒙为现代人广为熟知的原因是由于他的坟墓在三千年的时间内从未被盗，直到1922年才被英国考古学家和埃及学先驱霍华德·卡特发现，挖掘出了大量珍宝，震惊了西方世界。他的墓室口刻

图坦卡蒙的狮子宝座，埃及开罗博物馆

生育女神伊希斯坐在狮子宝座上，大都会艺术博物馆

着神秘的咒语，巧合的是几个最早进入坟墓的人皆因各种原因早死，被当时的媒体大肆渲染成"法老的诅咒"，使得图坦卡蒙的名字在西方更为家喻户晓。在图坦卡蒙的坟墓被挖掘之后，他的生平和死因一直是考古学界研究争论的焦点，但至今都没有定论。

目前，图坦卡蒙的陪葬品多数陈列在埃及开罗博物馆中，狮子宝座是其中之一。图坦卡蒙的狮子宝座高138厘米，椅背高54厘米，是木制的扶手靠背座椅。椅子扶手是戴着王冠的双翼神蛇，上面有法老的铭记。椅子腿的上部是狮子头，下部是狮子的躯体和狮子的爪子。椅子前后附以黄金薄板，并用彩色玻璃和宝石镶嵌。椅背上的浮雕是皇宫的一角，法老与王后盛装相对，左右为饰有花纹的圆柱，上部是灿烂的天顶，天顶中央是放射光芒的太阳圆盘。

大约公元前7世纪的一件彩陶雕像，表现的就是埃及生育女神伊希斯（Isis）坐在双狮子扛起的狮子宝座上，怀抱其子荷鲁斯的雕像。荷鲁斯是古代埃及神话中法老的守护神，是王权的象征。他的形象是一位鹰头人身的神祇。

此外，埃及文化中神或帝王的狮子座的代表作品，还有在波斯统治时期的一个狮子座扶手椅和马其顿王朝到托勒密王朝之间创作的两个走狮扛起的神的宝座。

波斯统治时期（前525—前332）的狮子座扶手椅是青铜铸就，扶手与椅子腿就是两个站立着的狮子，而椅背则是一只两翼展开的神鹰的形象，这同哈夫拉狮子宝座的创作元素是完全一致的，可能这就是表现某个法老或神的形象的狮子座。唯一不同的是，它是同神像或法老像分开的，这样单独的座椅，可能是为了方便变换坐在上面的神像。

马其顿王朝到托勒密王朝之间（前322—前30）创作的两走狮扛起的这尊宝座，也是铜合金的，它也被雕成同神像分离开的一个单独的座椅，考古学家推测能坐在这个座椅上的神像，应该是同国王家族有密切关系的神。

波斯青铜狮子座扶手椅，大都会艺术博物馆

走狮扛起的铜合金宝座，大都会艺术博物馆

1世纪前后贵霜王朝的维马伽费沙国王，就是坐在这样的双狮子座上的。出土于印度马土拉马特遗址的维马伽费沙国王石像，虽然头部残缺，但双狮子座则完好无损，使得我们可以一睹这位国王在位时的威严。

维马伽费沙国王坐像，马土拉博物馆

从上面列举的狮子座来看，埃及国王和神的狮子座，大都是将扶手部分和椅子腿雕成狮子的形象，不过在欧亚交界的古代亚美尼亚、土耳其地区，神的狮子座也被雕成像佛陀的狮子座那样的，在座椅的下面有一个台状的部分，上面装饰着两头背向而卧的狮子。另有一个银质的镀金的徽章，在这个公元前8—前7世纪的亚美尼亚古国乌拉杜的徽章上，一个信徒正在虔诚地礼拜神，手中持有宝器的神坐在一个装饰华丽的高背椅子上，椅子就放在一个装饰有一对狮子的台基上——这种狮子座，应该同我们在佛教造像中看到的那种狮子座具有相同的文化来源。

狮子座的出现与应用，必然是同狮子文化的盛行有关系。在非洲狮和亚洲狮出没的地区，狮子的凶猛、残忍与威力的形象，才会深深印入人们的脑海，所以帝王和上层意识形态的制造者也才会自然而然地想到将狮子这样一个不可战胜的力量引入统治体系之中。因而历史上狮子座的分布地域同狮子的分布地域大体上是相一致的，但是随着狮子文化的逐渐东传，狮子文化逐渐脱离了狮子的原产地，其影响也就日益式微。

银质镀金徽章上的狮子座，大都会艺术博物馆

在中亚甚至在中国的新疆地区直

至河西走廊都出现过国王的狮子宝座，但其影响是逐步减弱的。

从西亚到中亚，狮子座作为国王的宝座被频频使用，在中国古籍记载中，以狮子座或狮子代表王权的国王有印度系的摩揭陀国王、犍陀罗王、泥婆罗（今尼泊尔）国王，欧亚之间的嚈哒国王、波斯国王，今新疆地区的龟兹王与疏勒王，今河西地区的吐谷浑国王等。

据《洛阳伽蓝记》卷5的记载，嚈哒国的王后坐金狮子座。在中国的唐朝时期，盘踞在欧亚要道上的嚈哒国王接见各个国家的使臣时，排场颇大。他坐在方圆四十步的大毡帐中，穿着颜色明亮的锦绣袍服，坐在黄金的座椅上，这个黄金座椅的四个椅子腿被雕成金凤凰的样子，而他的王后则坐在以六牙白象和四狮子形象作腿的宝座上。

据《北史》卷97《西域传·龟兹国》的记载，龟兹（新疆库车）国王的打扮是头上系着彩带，坐在金狮子床上，古代所谓的这种床不是我们今天用来睡觉休息的卧具，而是坐具，也就是一种椅子。而疏勒国王则戴金狮子冠，正是因为这种金狮子座是王权的象征，是至高无上的，所以当西域名僧鸠摩罗什在龟兹国讲经说法时，为了表示对佛法的尊崇，龟兹王特意为他准备了金狮子座。

据《旧唐书》卷198《西戎传》的记载，泥婆罗国王那陵提婆接见外国使者时，身上缀满了珍珠、玻璃、车渠、珊瑚、琥珀等奇珍异宝，耳垂上挂着金钩玉珰，坐在狮子床上，朝堂内遍撒香花，大臣及诸左右并坐于地，数百名兵丁手执武器列侍两侧，威风八面。波斯国王则头戴金花冠，坐在狮子座上，穿着鲜艳华贵的锦绣袍服，上面缀满了璎珞珠宝。

坐狮子座的国王中，最能引起我们注意的是吐谷浑国王。吐谷浑是辽东鲜卑慕容部的一支，东晋十六国时期控制了青海、甘肃等地，与南北朝各国都有友好关系。隋朝与之联姻，后被唐朝征服，加封青海王。

　　据《魏书》卷 101《吐谷浑传》的记载，吐谷浑是一个虽有城而不居的游牧国家，是住在毡帐里面随水草畜牧的，它的可汗也就是国王，不但头发的样式比较特殊，"椎髻毦珠"，而且坐在金狮子床上；他的王后披锦大袍，辫发于后，头戴金花冠。吐谷浑国王和王后这样的打扮，显然是受了西域诸国的影响，因为来自辽东的慕容鲜卑是不可能有狮子宝座这样的文化因素的。

二

英雄与国王的狮子皮

能猎杀狮子得到狮子皮的是英雄，而用狮子皮来炫耀伟大的往往则是国王或皇帝。人类的事情就是这么个逻辑：勇敢者不炫耀，炫耀者不勇敢。但是统治者的权力则是实实在在地像狮子一样残暴可怕的东西。

因而，权力用狮子皮来摆谱就显得相得益彰，据元代人在《真腊风土记》中的记载，当时东南亚的一个弹丸小国——真腊，其国王出巡的时候乘黄金车，手仗宝剑，异常威风。尤其被人们传得沸沸扬扬的是，王座上垫的是一张狮子皮，那是王室珍藏的镇国之宝。可见，狮子皮是何等稀缺的奢侈品。

从中国的魏晋南北朝时期开始，西域国家或北方民族就曾将狮子皮作为奢侈的礼品，进贡到中原来，讨好中原王朝的帝王们。

据说南北朝时期的北方民族柔然就曾向偏居江南的南朝齐高帝萧道成献过狮子皮。柔然所处的漠北草原一带是没有狮子的，所以他们的狮子皮也一定是来自中亚或印度等地区。柔然为什么贡献狮子皮给南齐的皇帝呢？那当然是有所求了。柔然作为一个民族或草原国家主体，主要是由鲜卑、敕勒、匈奴和突厥等许多民族和部落所组成。柔然的势力范围，南临大漠，北至今贝加尔湖，东起大兴安岭，西逾阿尔泰山，占有准噶尔盆地，与天山以南的焉耆接界。402 年，柔然丘豆伐可汗整顿军队，建立柔然汗国。

柔然汗国的骑兵似风驰电掣，倏来忽往地纵横驰骋在漠北大草原上，是称雄漠北的强大力量。柔然统治者一方面采取近攻远交的方略，联合后秦、北燕、北凉等北方政权，共同对付强势的北魏；另一方面，不断对北魏北境进行骚扰和掠夺。在此背景下，柔然可汗于南朝齐建元二年（480），派人贡献狮子皮给南朝齐高帝萧道成，自然也是期望与齐国结盟，对抗和制衡北魏。

柔然可汗献给南齐皇帝萧道成的不是那种整张的狮子皮，而是狮子皮缝制而成的袴褶，就是一套短打的衣服和裤子。

以汉族为主体的中原古人——尤其是江南贵族——一般都穿褒衣博带、宽袖飘逸的大袍，而那种短衣短裤的打扮往往是北方民族的马上服装或普通劳动者的劳动装，所以柔然献给萧道成的这套狮子皮袴褶，估计很难引起皇帝要穿一穿的兴趣。但狮子皮毕竟是个稀罕东西，就免不了要向四面八方炫耀一下，因而当时见到这套皮袴褶的人也不少，据说它看起来像虎皮，色白毛短。

据《南齐书》卷59《芮芮虏传》的记载，一个来自西域的胡族商人自告奋勇地去做鉴宝人，他一口咬定柔然可汗献来的这套皮衣服不是狮子皮，而是用"扶拔皮"做的。时至今日，这个"扶拔"到底是个什么野兽，我们也还是稀里糊涂，没人说得清楚。但是在文献记载中，"扶拔"总是跟狮子形影不离，在现代的非洲狮群和残存的亚洲狮活动地域，除了紧随狮子的鬣狗，实在找不出可以跟狮子同出没而又可以相互混淆的野兽了。但也许这种"扶拔"已经灭绝，所以我们一无所知。

总之，南齐皇帝萧道成得到的这个二手货的狮子皮确实很可疑。中原的帝王中，隋炀帝才是拥有真正的狮子皮的著名收藏人。

隋炀帝这个人，本应该是个像汉武帝一样有"雄才大略"的帝王，可惜他太冲动太着急，兵荒马乱的时代刚刚结束，百姓们还没有顾上缓口气，就被皇帝的又是东征、又是大兴土木的宏伟计划给折腾得半死不活，这种情况下，不乱才怪。在隋朝即将灭亡前的那几年，隋炀帝曾派大臣到西域去，可能是去做宣传号召工作，要召唤西域各国来朝贡中原王朝，给大隋天子叩头呼万岁，寻找像汉武帝那样彪炳史册的四方来朝的感觉。

据《隋书》卷83《西域传》的记载，大约是602年左右，隋炀帝派韦节、杜行满这两位朝廷官员带队去西域，经过克什米尔地区，到达古印度摩揭陀国的国都王舍城。这次出使，两位特使带回了玛瑙杯、佛经、十个舞女、狮子皮及火鼠毛等西域的奇珍异物。

但是，天不遂愿，还没有来得及像萧道成或真腊国王那样炫耀一下狮子皮，隋炀帝就随着他的帝国一起完蛋了。

在历史的长河里，帝王们在前赴后继地灰飞烟灭着，但是，狮子皮的传说却没有完全被历史的灰尘淹没，总是被或隐或现地流传着。

据说，狮子皮是如此的具有威力，以至于当有人穿着狮子皮做的鞋靠近象群时，大象都会闻到狮子的气味而惊慌失措。《华严经》还记载说，用狮子的筋丝做琴弦，这样的琴只要一奏，其他琴的琴弦就会纷纷绷断。这样的传说正说明狮子在古代世界是如何的神秘威严。

佛经中有一个狮子皮的故事，讲的是比丘们如何用狮子皮来为难国王家的调象师的事情：

佛陀的弟子们经常出去化斋，在王舍城的每一家都会施舍饼给他们，但唯独国王家的调象师非常吝啬，从来没有施舍过。于是佛陀弟子们就聚在一起商议办法，想小小地惩罚一下这个傲慢吝啬的调象师。

一个比丘出主意说："我们应该穿上狮子皮做的鞋，到调象师系象的地方去，站在上风的位置，象闻到了狮子皮的气味，就会恐怖狂奔。"另一个比丘说："这是个好主意，但是也不能太鲁莽。我先去他家化斋，如果他能

大象与调象师，印度绘画，大都会艺术博物馆

施舍饼给我，就不要为难他了；如果他还是像以前那样傲慢吝啬，我们再去吓唬一下他的大象也不迟。"

众比丘纷纷称善，于是这个比丘来到调象师的家门口，对他说："贤首，你为什么没有一点求福之心呢？总是不给我们出家人施舍一点饼果之类。"国王的调象师果然很傲慢地拒绝施舍。

第二天，一位比丘穿上了狮子皮做的鞋，来到调象师所骑大象的上风口，大象闻到了狮子皮的气味，果然屎滚尿流、惊恐发狂。调象师使尽万般招数，用驯象的钩子狠劲狂抽象头，也制不住这惊恐狂跳的大象。

比丘们在旁边冷眼旁观，幸灾乐祸地对调象师说："贤首，用手抓紧了啊，可要千万抓紧了！"调象师气急败坏地说："用钩子都制服不了，如何能用手抓紧它呢！"那个穿狮子皮鞋的比丘说："贤首，我能制服你的大象，让它不再发狂。"调象师赶忙说："圣者，你要能帮我制服它，一定感激你的恩情。"

比丘闻言，知道这个调象师的气焰已被打了下去，于是让他立下今后定为比丘们施舍饭食的誓言后，才离开了那个地方。大象闻不到狮子皮的气味，自然也就平静下来了。

可能正是因为狮子皮的气味对大象等动物都有一定的刺激性，所以佛陀规定在他的僧团里面，弟子们不应该穿狮子皮做的皮鞋。

关于狮子皮的故事不仅仅在佛经中有记载，希腊神话中也有英雄赫拉克勒斯与狮子皮的故事，并且在欧陆文化中流传久远，是一个比较流行的艺术创作母题，艺术家们用圆雕、浮雕、绘画、装饰画等艺术形式，在持续几千年的历史长河中，从不同角度记叙这个英雄与狮子的故事。

赫拉克勒斯是希腊神话中最著名的英雄之一，主神宙斯与阿尔克墨涅之子，因其出身而受到宙斯的妻子赫拉的憎恶，后来他完成了十二项被誉为"不可能完成"的伟绩，除此之外他还解救了被缚的普罗米修斯，隐藏身份参加了伊阿宋的英雄冒险队并协助他取得金羊毛。他兼具人类的一切性格：粗鲁狂暴，充满力量，坚忍不拔。他死后灵魂升入天界，众神在商议之后认同了他的伟业，被招为神并化为星座。

赫拉克勒斯和尼米亚狮子，陶罐装饰画，大都会艺术博物馆

国王交给赫拉克勒斯的第一件任务是：赫拉克勒斯必须为他剥下尼米亚巨狮的兽皮。这头巨狮生活在阿耳戈利斯地区的伯罗奔尼撒，尼米亚和克雷渥纳之间的大森林里。狮子凶悍无比，人间的武器根本不能伤害它。有人说，狮子本是巨人堤丰和半人半蛇的女怪厄喀德那所生的儿子，还有人说，它是从月亮上掉到地上来的。赫拉克勒斯出发去捕杀狮子，并且最终杀死了它。

这幅大约在公元前540年绘制在古希腊陶罐上的"赫拉克勒斯和尼米亚狮子"的装饰画，生动地描绘了赫拉克勒斯和狮子搏斗的情形。

这尊创作于1—3世纪之间的古罗马青铜雕像，名叫"拿着狮子皮的赫拉克勒斯"，表现了赫拉克勒斯完成第一项任务后的英雄形象。赫拉克勒斯杀了狮子后，用狮子的利爪划破了皮，终于把狮皮剥了下来。后来，他用这张奇异的狮皮缝制了一件盔甲，还做了

拿着狮子皮的赫拉克勒斯，古罗马青铜雕像，大都会艺术博物馆

赫拉克勒斯斗野猪，雅典黑灰彩陶酒坛，大英博物馆

赫拉克勒斯和猛狮，犍陀罗地区片岩浮雕，大都会艺术博物馆

一只新头盔。现在，他把带来的狮皮和武器收拾好，把尼米亚巨狮的狮皮披在肩上，出发回泰林斯去。

而在这个出自雅典的黑灰彩陶酒坛上面，则描绘了赫拉克勒斯与一个危害乡村多年的野兽厄律曼托斯山野猪搏斗的故事。这幅创作于约公元前520—前510年的陶瓶装饰画中，站在英雄赫拉克勒斯对面的那个女神就是雅典娜。英雄身穿标志性的尼米亚狮皮。为了活捉野猪献给他的主人尤瑞赛斯王，赫拉克勒斯赤手空拳把野猪摔在地上，他的弓和箭都搁置在身边。狮子皮和衣服的细纹都刻画得细致入微。

有意思的是，赫拉克勒斯的故事也随着希腊文化的传播在古代的亚洲地区流传开来。

出土于犍陀罗地区的一块片岩浮雕就表现了赫拉克勒斯猎杀尼米亚狮子的故事情节。这件"赫拉克勒斯和猛狮"作品引人注目的是，赤裸着健壮身体的赫拉克勒斯在胳膊上已经搭着一块雄狮的皮了，但是他身边还站着一头看起来非常友好的狮子。狮子抬起右爪抚弄着赫拉克勒斯臂弯里的狮子皮，似乎在跟他对话似的，一点没有人跟狮子对立的紧张气氛。

如果我们对比一下上面列举的那件公元前540年绘制在古希腊陶罐上的"赫拉克勒斯和尼米亚狮子"的装饰画中人狮搏斗的紧张场

景，再看看创作于 13 世纪的这个红玛
瑙浮雕作品"花环映衬下的赫拉克勒斯
和猛狮"就可以发现，在欧陆地区，从
公元前的古希腊时代到近古的浮雕等美
术作品中，赫拉克勒斯和猛狮都被表现
为处于一种异常惨烈的战斗状态中，而
犍陀罗地区的那件片岩"赫拉克勒斯和
猛狮"则是那么的悠闲、轻松，一点也
没有紧张或搏斗的感觉。

花环映衬下的赫拉克勒斯和猛
狮，红玛瑙浮雕，大都会艺术
博物馆

　　这可能是古希腊文化传播到犍陀罗
地区后，在文化内涵上发生明显变化的
一个艺术实例——艺术家以祥和、温顺的狮子形象，调和了英雄与狮
子间的你死我活的对立，只有那件处于画面不显著位置的狮子皮，才
或明或暗地表示了赫拉克勒斯的英勇事迹。

狮子与勇士

在以渔猎为生的丛林时代与农业社会，人类英雄的塑造总是少不了同猛兽的搏斗联系在一起。恶劣的生存环境和形形色色的大型猛兽威胁着城市和乡村，那些以力量加技巧而勇斗猛兽的人物，自然就成为不同大陆文化中世代传诵的英雄，被人们敬仰。

无论是亚洲文化还是欧洲文化，虽然英雄有不同的名字和差异的相貌，但是，搏熊、打虎、格狮都是英雄们成名的闪光点。

就狮子而言，它的奔跑速度可达到每小时 58 千米，虽然在草原动物中不算佼佼者，但和人类相比还是非常了不得的。

成年雄狮重达 250 千克，雌狮子身材小巧一些，基本不会超过 180 千克，并且非常敏捷有力。人类的体重绝不可能达到 250 千克，即使体重达到了 180 千克，这个人恐怕也只能是一堆可以缓慢挪动的供狮子享用的肉而已。

所以，一个男人，想要能抗衡、制服和猎杀体重达250 千克的雄狮，必须具备超强的神力、非同一般的智慧和勇气。要知道，当雄狮展现它狮子王的风姿时，它发出的吼声可以传到几千米以外的地方，这样的声音，已经足以让接近它的人头晕眼花、魂飞魄散。

中国没有可以让英雄们去表现神力的狮子，所以只有武松打虎的故事，而不会产生斗狮子的英雄。但是，那些来自西域地区的移民们，则在以洛阳、长安为中心的黄河流域地区留下了勇士斗狮子的图像和文化。

在山西太原发现的隋代虞弘墓石椁上的浮雕中，英雄斗狮子图像赫然在目。

虞弘墓的发现是一个惊喜。1999 年，一个流火的夏月，考古学家在太原市南郊王郭村获得一个重大的考古新发现——虞弘墓。这是我国第一座经过科学发掘、有准确纪年并有着完整丰富中亚图像资料的墓葬。墓内出土的汉白玉石椁、彩绘浮雕和石雕乐俑，以浓厚的异域风情、鲜明的文化特色、高超的艺术水准和重要的历史价值，一经出土，即震惊中外。

墓主人姓虞名弘，字莫潘，鱼国人，在北朝时曾一度任职"检校萨保府"，执掌祆寺及西域诸国事务，卒于并州，隋开皇十三年（592）石椁殓葬。然而，鱼国究竟是一个什么样的国家，处于什么位置，至今尚无定论。但从墓葬资料看，这里的彩绘汉白玉浮雕宴饮图、乐舞图、狩猎图、出行图等，表现了当时社会丰富的生活内容，洋溢着中亚浓烈的民族气息，反映了墓主人的民族、宗教习俗和萨珊文化特色，可以说，鱼国很可能位于西域或中亚的某个地区。

尤其引起我们注意的是，在石椁板上，浮雕出的猎狮图和勇士斗狮子图像都表明，墓主人来自亚洲狮分布区，是从猎狮文化流行地区移民到中原的西域人。石椁后壁下部的小图案，是左右相对的两幅人狮格杀的场面。画面右部，一头雄狮尾部上扬，后爪撑地，身体向前，扑向持剑武士，前爪搭在武士的肩膀上，将武士的头咬入口中。武士身体前冲，弯腰弓背，尽力将剑插入狮子腹部。

人狮格杀的场面，彩绘汉白玉浮雕，虞弘墓出土

由于用力过猛，以至于剑锋直透狮背。

这种表现武士与狮子惨烈格斗的艺术图像，在古代伊朗高原艺术中是一个比较流行的母题。1974年，伊朗库尔德斯坦的吉威耶村的村民们挖开了当地的城市遗址，发现了大量的黄金、象牙等工艺美术品，这就是著名的吉威耶宝藏，是属于公元前9世纪至公元前7世纪的宝物。这些遗物大都是饰件，表面饰有击退猛狮的英雄、圣树、山羊、灵兽等浮雕纹样。

吉威耶宝藏中的武士狮子争斗纹金饰牌，其图样同虞弘墓石椁浮雕中的勇士斗狮子图，应该具有相同的文化来源。

这块武士狮子争斗纹金饰牌长13.2厘米，宽10.2厘米，现藏德黑兰考古博物馆。金饰牌的两边各有一排小圆孔，中部用连珠界隔出六个方形画面，每个画面几乎一模一样，皆为武士袭击站立的狮子。武士头戴盔，身着甲，一手按住狮子头顶，另一只手高高举起短剑。武士的铠甲、狮子的毛发，都用錾刻的方法进行了细致的刻画。这种

武士斗狮的图像，也出现在吉威耶出土的其他器物上，并在后来的阿契美尼德王朝时期流行。

此类图像中，英雄或武士是如此的镇定自若，甚至到了舍身杀狮的地步——其中所表达的人与狮子的对立关系、征服与被征服的关系，一方面是历史时期人与狮子在生存方面矛盾冲突的反映，另一方面又是人类通过格杀狮子来表现其英勇品格的一个写照。

正因为这样的作品要表现出勇

武士狮子争斗纹，金饰牌，德黑兰考古博物馆

士们的英雄气概，所以狮子往往被
刻画得非常暴烈，而勇士们则异常
平静淡定。藏在美国大都会艺术博
物馆的这块公元前 8 世纪的埃及象
牙饰板就是一个显例。

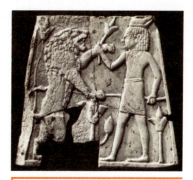

画面中，一位头戴双冠的年轻
人镇定自如地与一头凶猛的雄狮搏
斗，围绕他们的是枝蔓屈曲的红莲
花之类的植物。年轻的勇士右手握

武士格狮子图，埃及象牙饰板，大
都会艺术博物馆

着盛开的莲花，挡住了扑过来的狮子的一只巨大的前爪，左手紧紧握
着一杆长矛，已经刺进了狮子的腹部，用力之大，使得矛头已穿透狮
背，直抵狮子身后一株盛开的莲花上。

在狮子曾经生活的地域，手刃狮子的英雄们被经久传诵着。靠格
杀狮子出名的神一样的英雄，在西亚有吉尔伽美什，在欧陆有赫拉克
勒斯、参孙。

吉尔伽美什是两河流域古老传说中的英雄，是一个半人半神的英

吉尔伽美什斗狮群，圆形印章浮雕，大英博物馆

135

雄，他力大无穷，无所不知，是完美和智慧的化身。现藏伦敦大英博物馆的这枚公元前 2500—前 2350 年的圆形印章浮雕，就表现了这位英雄勇斗狮群的伟大场景。

画面为长方形，群狮都前腿提起、后腿直立作扑跌状，长着胡须、牛头人身的吉尔伽美什站在群狮当中与之搏斗。据说是女神伊斯达尔向吉尔伽美什求爱，遭到拒绝，女神恼羞成怒，借助天神派来的大公牛围攻吉尔伽美什。

抱狮子的吉尔伽美什，亚述雪花石膏浮雕，巴黎卢孚宫

而公元前 800 年的亚述艺术作品"抱狮子的吉尔伽美什"中，被征服的狮子衬托出这位英雄的英勇气概与不可战胜。这是一块藏于巴黎卢孚宫的雪花石膏浮雕。雕塑中的这位古代英雄形体魁伟、美髯虬须，双眼直视前方，强有力的手臂下夹着一只幼狮。小狮子的刻画非常生动，那抽搐的尾巴、抓挠的爪子、皱起的口鼻、稚气的眼睛像是在竭力挣脱人的捕获。然而吉尔伽美什神情镇定且略带笑容，看来，狮子的挣扎对他来说尚不如一只小兔子的挣扎。这种平静的画面构图，更是强烈地表现出吉尔伽美什的神力与英勇。

希腊神话中最著名的英雄赫拉克勒斯，是主神宙斯与阿尔克墨涅之子，他粗鲁狂暴，充满力量，坚忍不拔。他的第一项英雄业绩就是剥下了尼米亚狮子的皮。这头凶悍无比的巨狮生活在伯罗奔尼撒的大森林里，人间的武器根本不能伤害它，但是赫拉克勒斯却徒手杀死了它。

至迟自公元前 5 世纪开始，赫拉克勒斯与狮子徒手搏斗的艺术形象就在欧陆的各类雕塑、绘画中被频频表现。这幅创作于 19 世纪的徽章浮雕完全沿袭了此类主题的传统风格，将赫拉克勒斯徒手征服尼米亚狮子的英雄形象刻画得栩栩如生。

赫拉克勒斯征服尼米亚狮子，徽章浮雕，大都会艺术博物馆

欧洲大陆另一位斗狮英雄是参孙，他是《圣经》士师记中的犹太人士师——拯救者，他生于公元前 11 世纪的以色列，是玛挪亚的儿子，他凭借上帝所赐的神力，徒手击杀雄狮，并只身与以色列的外敌非利士人争战周旋。非利士人让参孙的女人大利拉（也是非利士人）套出参孙神力的秘密，挖其双眼并囚于监狱中。后来，参孙向上帝悔改，上帝再次赐予他力量，参孙抱住神庙的支柱，身体前倾，结果柱子及房子倒塌，压死了在庙中的敌人，自己也牺牲了。

参孙斗狮子也是欧洲英雄文化中的艺术主题之一，有各种各样的艺术品，其中以参孙骑在狮子身上的容器最为常见，如欧陆地区的一种用来洗手滴水的水罐，就往往有参孙征服雄狮、骑在狮子身上的图案。

据《旧约》的记载，以色列的拯救者参孙在家乡的葡萄园，见有一只少壮狮子向他吼叫。参孙虽然手无器械，却将狮子撕裂，如同撕裂山羊羔一样。因而，参孙斗狮子的艺术创作，大多都是参孙掰着狮口正准备将之撕裂的样子。

制作于意大利南蒂罗尔的这块 15 世纪的装饰性炉砖上的参孙斗

参孙斗狮子，装饰性炉砖，大都会艺术博物馆

狮子的图案，将参孙的故事表现得比较细腻。参孙披散着波浪状的满头卷发，戴着一顶卷檐帽，帽子上还插着一支美丽的羽毛。他骑在年轻的狮子背上，双手向后掰开了狮子的巨口，正要将之撕裂。狮子的尾巴软塌塌地蜷曲在身下，已经没有了昔日的狮子王威风。参孙身后是栏杆式的穹顶建筑，上部装饰着葡萄藤叶和两串饱满的葡萄粒，表示这是发生在葡萄园里的一个场景。

《旧约》还记载了另一个斗狮子的勇士，他就是古以色列的国王大卫。大卫生于伯利恒，是耶西最小的儿子。起初在以色列国王扫罗的王宫中任琴手，后因显赫的战功被立为战士长，同王储约拿单结为好友，娶扫罗之女米甲为妻。大卫作战英勇，为百姓所爱戴，因而招致扫罗嫉妒，企图杀害大卫，大卫逃往南部边疆地区。他赢得国内长老的支持。扫罗和约拿单父子在作战中身亡后，大卫受民众拥戴，登位称王，成为统一的全以色列国王。

大卫与狮子搏斗发生在他还是个牧童的时候。大约在公元前1000年的某一天。在巴勒斯坦的一个山谷地带，非力士人与以色列人两军对峙，以色列王扫罗手下无一将士敢出来迎战非力士人的统帅歌利亚。

正在此时，牧童大卫来到以色列王的军营，对国王扫罗说："我们何必怕那非力士人呢，我们应该和他去战斗！"扫罗回答说："歌利亚从小就是战士，他武功高强，力大无比，我们不是对手。"年轻的大卫满不在乎地说："我在放羊时，有次来了一只狮子，从羊群中叼走了一只羊羔，我就跑去追赶它、击打它，从它口中救出羊羔。狮子还扑过来咬我，我就揪住它的胡子把它打死。我曾经一人赤手空拳打死过狮子，打死过熊。还怕什么非力士人呢？"扫罗见这个牧羊少年如此勇敢，就派他出阵，结果大卫打死了歌利亚，非力士人的军队顿时颓败。

大卫杀死狮子，银盘，大都会艺术博物馆

现藏于美国大都会艺术博物馆的一件7世纪的银盘上，就描绘了大卫杀死狮子的情节，据说这是一个比较早地将《圣经》中的场景描绘出来做装饰的例子。画面中，一棵粗大的树和几株稀疏的小草，显示这是在牧羊的草原上。狮子身下横卧着被狮子咬死的小羊羔，大卫则跃上狮背，手持带叉的木棒，奋力击打狮子。

狮子与勇士之间的这种密切关联，当然是源于狮子之凶猛、勇敢与近乎不可战胜的形象，所以在东西方的兵器、铠甲和战袍的装饰上，都不约而同地采用了狮子的形象作标志。如至迟自唐代开始，宫廷侍卫三品以上的官服上就绣有对狮子纹样。

四 曹操猎狮的传说

在张华的《博物志》中，有一则关于魏武帝曹操在征伐乌桓鲜卑途中遭遇狮子袭击的记载，而我们所掌握的知识是，在中国古代的历史上，狮子这种动物并不是东亚中国所有的本土猛兽。无论是现有的化石调查，还是关于狮子分布的动物学研究及各类文献的记载都表明，古代中国没有野生狮子的存在。

自东汉以来，西域国家曾将狮子作为珍禽异兽进贡到中原王朝来，但那也只是作为宫廷的禁苑动物而存在。作为热带草原上最厉害的肉食动物，居然在魏武帝时代出现在华北平原的原野之中，这是非常令人称奇的事情。

张华之所以将这次魏武帝遭遇的猛兽袭击定为"狮子袭击"，可能跟当时人们对狮子的认知有关。就是说，来自西域的狮子文化是这则记载产生的主要背景之一。

征伐乌桓鲜卑，是曹操在官渡之战后扫平北方的主要军事行动之一，通过向冀州、幽州的用兵，一方面是清剿袁绍的残余势力，另一方面是彻底打击乌桓鲜卑。而据《三国志》卷30《乌丸鲜卑东夷传》的记载，当时的乌桓首领蹋顿以"骁武"著称，"边长老皆比之冒顿，恃其阻远，敢受亡命，以雄百蛮"，而曹操此役，过徐无山、白狼山，直指柳城（今辽宁朝阳南），将乌桓强酋蹋顿斩首，平定了幽州，为其雄视东南奠定了稳定的北方统一格局。

而张华《博物志》卷3《异兽》一文关于魏武帝遭遇狮子袭击的记载即是以此史事为背景的：

> 汉武帝时，大苑之北胡人有献一物，大如狗，然声能惊人，鸡犬闻之皆走，名曰猛兽。帝见之，怪其

细小。及出苑中，欲使虎狼食之。虎见此兽即低头着地，帝为反观，见虎如此，欲谓下头作势，起搏杀之。而此兽见虎甚喜，舐唇摇尾，径往虎头上立，因搦虎面，虎乃闭目低头，匍匐不敢动，搦鼻下去，下去之后，虎尾下头起，此兽顾之，虎辄闭目。

后魏武帝伐冒顿，经白狼山，逢狮子，使人格之，杀伤甚众。王乃自率常从军数百人击之。狮子哮吼奋起，左右咸惊。王忽见一物从林中出，如狸，超上王车轭。狮子将至，此兽便跳起在狮子头上，即伏不敢起。于是遂杀之，得狮子一。还，来至洛阳，三十里鸡犬皆伏，无鸣吠。

张华的这段小说式的文字中，所透露的信息竟主要是同当时关于狮子的传闻或知识有关。显然，张华对于自汉代以来积累的关于狮子的知识有相当深入的了解。

其一，张华所谓的汉武帝时胡人献一犬状野兽而伏虎的事情，可以从中原地区关于狮子的传说中得其仿佛。据《洛阳伽蓝记》卷3《龙华寺》载：

狮子者，波斯国胡王所献也，为逆贼万俟丑奴所获，留于寇中。永安末，丑奴破，始达京师。庄帝谓侍中李彧曰："朕闻虎见狮子必伏，可觅试之。"于是诏近山郡县捕虎以送。巩县、山阳并送二虎一豹，帝在华林园观之，于是虎豹见狮子，悉皆瞑目，不敢仰视。园中素有一盲熊，性甚驯，帝令取试之。虞人牵盲熊至，闻狮子气，惊怖跳踉，曳锁而走，帝大笑。

可见狮子伏虎是自汉代以来就流传的一个关于狮子雄猛无比的传说，因而北魏庄帝有"朕闻虎见狮子必伏"的说法。据《后汉书》卷

88《西域传》的记载，自东汉章帝章和元年（87）安息国王遣使进贡狮子以来，汉和帝永元十三年（101），安息王满屈再次献"师子及条支大鸟"；汉顺帝阳嘉二年（133），疏勒国献"师子、封牛"，而月氏也有献狮子的记载，这些贡献而来的巨兽，都养在皇家禁苑之内，而《汉书》卷 96《西域传下》有所谓"蒲梢、龙文、鱼目、汗血之马充于黄门，巨象、师子、猛犬、大雀之群食于外囿"的记载，可见此是自西汉以来的定制。

因而可以肯定，至迟自东汉章帝章和年间以来，关于狮子的知识已经在宫廷及其近臣中有相当的传闻和接触。我们把张华的这则记载同北魏庄帝将狮子与虎、熊放在一起较量的史实相对比，基本可以确定张华所描述的异兽伏虎的情节，应该是本之于狮子伏虎的传说而来。

"魏武王常所用格虎大戟"石牌，河南安阳曹操墓出土

其二，魏武王马上格狮的这则传说，不能不使我们联系到近年定性为曹操墓所出土的"魏武王常所用格虎大戟"石牌之存在。这表明曹操作为一代枭雄，至少具备"格虎"之英勇。

虎是东亚地区常见的猛兽，"格虎"是一个人刚猛勇武的最显著的象征。《三国志》卷 9《曹真传》有曹操养子曹真"与文帝共止，常猎，为虎所逐，顾射虎，应声而倒"，曹操"壮其鸷勇，使将虎豹骑"的记载。至于曹操本人是否曾"格虎"，史所不载。

不过，在传统观念体系里，中国古代的帝王是以"受天之命"的德行而取胜，而非以英雄主义立世，英武如西楚霸王项羽者，留下的最多也就是自刎乌江这样的悲壮而已。所以，虽然中国历史上历代都有虎患，皇帝自称为那张牙舞爪的龙，但却没有龙帝王猎虎或"格虎"的传统。曹操高陵既然有"魏武王常所用格虎大戟"石牌之存在，我们也可以基本确认曹操"格虎"应有其事。

然而，张华并没有用"格虎"来描述曹操，而使用了"格狮"这样的在华北地区的自然状况下不可能存在的事情来描摹曹操，这就耐人寻味了。

张华（232—300）仕曹魏为佐著作郎、长史、中书郎，入晋历任黄门侍郎、中书令、度支尚书等职。张华在自序中将《博物志》视为补充或丰富《山海经》的一种地理博物著作，后代研究者也一致认为《博物志》是受了《山海经》的影响，它的特点是多记地理博物，内容更为庞杂。

从《山海经》这种地理博物著作沿袭下来的写作风格和写作旨趣，应该是贯穿着一种早期天下主义的世界理念，其努力的方向是将那些跨越时空的地理与人物及各种不同境域的知识展现出来。因为这种撰写旨趣和努力方向，就免不了要从各种传闻中获取新鲜知识，来自异域的知识是这类书籍必须大力吸收的，并且一定要先于或深于同时代人的认识——不论知识之正确与错误，都必须在新鲜程度上占有先机，否则，就很难达到"博物之士，览而鉴焉"的目的。

张华在《异兽》这一条中引入狮子这个外来动物和外部知识，显然就是要表达一种不一样的认识：魏武王曹操"格狮"是一件不寻常的事件，这种不寻常远远超出中原知识系统背景下人们的想象力范畴。审视《异兽》，可以发现几点不同一般的关节点：

第一，一种可以降服狮子的异兽的出现，是对曹操作为帝王的一种隐喻。

异兽的出现在中国传统的隐喻知识系统中，是对改朝换代、盛世洪福、末世来临等重大变革或事件的一种预兆，没有哪种异兽的出现是无缘无故的。

按张华的说法，此种异兽在汉武帝时代由胡人献来，能降服老虎；但是当魏武王曹操遭遇狮子袭击的危难之际，此兽突然出现，跳在魏武王的车辕之上，降服了凶猛进攻的狮子。那么，我们很容易就可以判断，这个来自胡地的异兽之出现，是魏武王曹操之吉兆。平定乌桓鲜卑，是曹操巩固北方、准备统一南方的前提与基础，也是司马晋得以接续曹魏江山成为正统王朝的开始。这说明张华事实上在这个故事里安排了许多隐喻，异兽就是隐喻之一。

第二，狮子被俘获，也应当是张华设计的隐喻之一。

在亚述、萨珊狮子文化中，征服狮子是皇帝或国王之荣耀，狮子也代表了王权。那么曹操平定乌桓、统一北方、俘获狮子，显然可以看作一个三位一体的隐喻结构。狮子预示着曹操之王权或皇权之天意或正统性。其意可以同刘邦斩白蛇的寓意同类视之，所不同的是，作为博物学家的张华，取法了更为遥远的萨珊王权的意象符号狮子来代表。

尤其需要我们注意的是，张华在《异兽》一文中，以来自胡地的异兽之伏虎、伏狮、被杀为线索，将汉武帝刘彻、魏武王曹操及白狼山狮子被俘获等事项联系罗列在一起，让读《异兽》的读者不能不联想到"汉祚"之正统传承，即汉武帝—魏武王—晋王朝。张华的《异兽》是不是有为魏晋王朝之正统制造天命的用意，我们不得而知，但是此文中的隐喻确实可以做出这样的解释。

王室人物猎狮或"格狮"，最为典型的是亚述和萨珊波斯的王室传统，其帝王的英雄形象之树立，往往同"格狮"相关。显然，随着狮子的进贡，跟狮子相关的萨珊波斯之猎狮传说肯定也随之传入。张华之所以将曹操在白狼山所遭遇的猛兽袭击断定为或撰写为狮子袭击，应该是流行于萨珊波斯的猎狮文化或故事被张华吸收消化之后的结果。

《后汉书》卷88已经明确记载最早进入中国的贡狮子来自安息，因而汉代中国关于狮子的传说或相关文化因素，主要应该也是来自这一地区。

亚洲狮曾在欧亚大陆扮演英雄、神兽、王者的角色，是欧亚古代文化中力量、王权、天神的象征，是守护者，是吉祥物。

狮子是世界上唯一群居的猫科动物，它们总是以家庭为单位结伴而行。每一个狮群家族都有雄狮子作狮子王，而猎杀者往往看上的都是雄狮子鬃毛蓬松、威风八面的皮，因而雄狮是最主要的猎杀对象。

一旦一个狮子家族的雄狮——狮子王被猎杀，那么这个狮子家族就不得不换一个雄狮来做守护者。新的狮子王会咬死老狮子王的所有未成年子女，以防其成年后的挑战。因而，几乎每一个雄狮的被捕获或猎杀，都意味着有一大批狮子随之死亡。而雌狮的被猎杀，也是直接毁灭狮子自我繁殖的一个源头。

在古代的欧、亚、非交界的大陆地带，猎杀狮子往往都是国家行为或王室行为。全副披挂的国王和将军们、精良的马匹、坚固的战车、锐利的长矛和多如飞蝗的强弓硬箭，都是狮子难以抗衡的克星。

在古埃及、帕提亚、亚述、波斯等非洲狮和亚洲狮分布区，猎狮都是皇家的特权。

猎狮主题在古埃及的艺术品中就有很生动的表现，而在古代的亚洲、印度、波斯、巴比伦、亚述及小亚细亚地区，狮子也是常见的凶猛巨兽，狮子在这些地区被视为城市文明的威胁，因而猎狮不仅是保卫文明的需要，也是皇家狩猎活动的重要内容。

这幅画在石板上的素描，是在帝王谷发现的埃及第二十王朝时期

法老叉杀狮子，石板素描，大都会艺术博物馆

的艺术品。艺术家表现了法老勇敢无比地叉杀凶猛狮子的情形。从题铭来看，这当然不会是完全的写实之作，但是这足以说明，对狮子的猎杀，是古埃及法老树立其神一样强壮凶悍形象的一个重要手段。

在长期的猎狮活动中，国王猎狮的英勇形象成为树立皇室王权的象征，因而猎狮图像也就成为夸耀王室英勇的常见艺术母题。出自尼尼微亚述北方行宫的雪花石膏猎狮装饰板，则是亚洲地区此类艺术品的早期典型代表，它是公元前645—前635年的一组作品，表现的是皇家的猎狮活动。在其中的一块上，亚述国王亚述巴尼拔（前669年或前668年—前627年在位）正把一支长矛刺入一头狮子的嘴中。在他统治时期，亚述的军国主义达到了崩溃前的巅峰。他继续执行穷兵黩武的政策，到公元前652年，已经征服了整个古埃及，并把安纳托利亚西部也纳入帝国疆域。

此后的帕提亚王朝，不仅是最早进贡狮子到中国的国家，而且来自帕提亚的僧人和佛教信徒，也是最早到中国传播佛教、翻译经典的传教人。中国史书上将之称为"安息"，因而来自这一地域的王子、使者或僧人往往被冠以"安"姓。

226年，在伊朗高原崛起的萨珊波斯家族推翻了安息帝国，建立起萨珊波斯王国。萨珊国与中国从南北朝至唐朝都有友好交往，萨珊古物多有在中国出土。

银盘是萨珊波斯银器中最有代表性的作品，它的题材大多是宣传国王威望的主题，如国王狩猎、宫廷生活。其中表现国王与野兽格斗的狩猎场面是最常见的浮雕内容样式，如伊朗北部马赞德兰省发现一件 4 世纪时制作、直径 23 厘米的帝王骑马猎狮银盘，图中帝王骑在马上转身拉满弓弦，准备射杀狮子。一只狮子作奔走

帝王骑马猎狮，银盘，伊朗北部马赞德兰省

逃跑状，另外一只已毙命的狮子躺在地上。

在新疆地区及丝绸之路东段，发现了为数众多的北朝到唐朝时期的萨珊波斯风格的织锦，对狮子纹和萨珊国王射狮子纹是其主要图案之一。

如新疆营盘 M15 出土的狮纹栽绒地毯，地毯较大，出土时覆于棺上，保存很差，但当时摄有较好的照片，可以看出狮为卧狮，前足伸直，后足曲蹲，狮脸侧过来正视。稍迟的是吐鲁番阿斯塔那墓地出土的一批平纹经锦，如 99 号墓中出土的方格兽纹锦中就有狮子图案。

国王猎狮，雪花石膏装饰板，大都会艺术博物馆

大宛联珠四骑狩狮纹锦，日本法隆寺

大宛联珠四骑狩狮纹锦（局部放大），
日本法隆寺

日本法隆寺藏唐代大宛联珠四骑狩狮纹锦，同萨珊帝王骑马猎狮银盘的骑射图案完全相似，狮子凶猛地立身扑向帝王，帝王骑在马上转身拉满弓弦，准备射杀狮子。这是一片唐锦，但图案却完全是效仿西方的典范。

现为香港私人收藏的团窠联珠对狮纹唐锦，团窠内土黄作地，团窠外白色作地，蓝色作狮子头和联珠环，黄色勾外边，白色勾内边。绿色是狮子身体的主色彩，最底部狮子爪又换成蓝色。狮子的鬃毛造型非常整齐，呈阶梯形，黄绿蓝相间，前腿带一翅膀，尾巴高翘。两狮头之间有一朵花，狮爪之下应有花台。由此可见萨珊狮子文化在东亚中国传播的情况。

无论是亚述、帕提亚还是萨珊波斯文化中的猎狮，都表明亚述人、帕提亚人和萨珊波斯人实际上把狮子当成威胁他们生存的敌人，那么狮子又是如何在这种文化背景下转化成皇室或王室的象征的呢？

团窠联珠对狮纹锦，私人收藏

　　根据威利·哈特尼等人的研究，狮子被当成皇家的象征，跟狮子座在天球上所处位置及天象之变化有密切关系。当然这只是一种说法，恐怕伊迪丝·普拉达对亚述、萨珊艺术中狮子图像的解释更为合乎情理。在亚述人或萨珊人看来，他们渴望得到狮子强大的力量，而作为装饰纹样或徽标的狮子，可以将其力量转为皇室所有，皇室正是在这个意义上认同了狮子作为皇室的标志。

　　那么，这就形成了关于狮子与皇室之间紧密关联的两层意蕴：

　　第一，王室狩猎传统和国王猎狮的图像表现，用狮子的被猎杀衬托出国王的英勇与威猛。在这种场景下，作为敌对方的狮子是展现国王神力的一个悲惨形象，国王是征服者，狮子是被征服者。第二，正是因为狮子所具有的威慑力和难以战胜的雄猛，所以皇帝、国王和王室自觉地将自己隐喻为狮子，这样，狮子就由"王室的被征服者"转换成"代表王室的征服者"形象。无论是古印度还是安息、萨珊，都有这样很明显的意识。

当然，狮子能成为人间王之象征，也跟其群居习性有关。狮群中雄狮们一般是不参加狩猎的，其职责就是守护地盘。亚述人将狮子作为守护神，而佛经中将狮群中的雄狮称作狮子王，显然都与雄狮在狮群中的地位与发挥的守护狮群的职责有关。所以，雄狮能成为王之代表，是有其必然前提的。

狮子作为帝王的代表，作为征服者的形象，自汉代之后，即由美索不达米亚传到了中国的新疆地区及河西走廊一带。据《北史》卷97《西域传》载，龟兹国王"头系彩带，垂之于后，坐金师子床"；疏勒国王"戴金师子冠"；而据《魏书》卷101《吐谷浑传》载，今青海地区的古代吐谷浑可汗则"以皂为帽，坐金师子床"。

狮子象征着皇权或王权的意蕴，成为以萨珊文化为代表的美索不

巴比伦狮子，石雕

达米亚文化东传中国所带来的重要知识。最典型的考古例证是出土于丝绸之路北朝时期的狮象莲花纹锦局部，最近幅边的骨架中为一狮子图案，作回首跪地抬腿状，狮子前腿间织有"宜"字，腹部下方织有"大吉"二字，头尾部间织有"王"字，这是将王权与狮子图像结合在一起的典型织锦。只是因为狮子不是中原的本土动物，中原知识体系中对狮子之雄猛、威武没有直观认识，肯定难以建立起威严的，可以跟本土造出的皇权象征物"龙"相抗衡的王权形象。

第八章

佛教菩萨造像中的狮子

　　在佛教艺术中，弥勒菩萨、文殊菩萨和观世音菩萨都有骑在狮子背上的形象。古代犍陀罗地区，弥勒菩萨坐在双狮子座上的造像比较典型，这种造像是两头狮子回首仰望菩萨的样式，传到中国后在相当长一段时期内保留了这种造型，双狮子依偎在菩萨座两边，顽皮地回首仰望菩萨，有的看起来似乎是用嘴叼住了菩萨的衣裙，极具动感。完全中国化的文殊菩萨骑在青狮子背上的造像，来源于唐代五台山流传的一个西域胡僧拜山遇见菩萨点化的故事。

一 仰望弥勒菩萨的双狮子

在隋唐之前的佛教造像中，弥勒是以头盘发髻、遍身璎珞的菩萨身出现的。狮子也是弥勒菩萨的护法神兽之一，从犍陀罗时期开始，弥勒菩萨就有坐在狮子座上的形象，只是到隋唐以后，随着完全中国化的大肚布袋弥勒佛的出现，坐在狮子座上的弥勒菩萨就退出了中国的佛教造像体系。

据《贤愚经》波婆离品第十五的记载，弥勒是波罗奈王辅相之子，后来成为了婆罗门学者波婆离的弟子；而《观弥勒菩萨上生兜率天经》则说弥勒出生于波罗奈国的大婆罗门波婆利家，是波婆利的儿子；在《弥勒下生成佛经》中则说弥勒是婆罗门善净与其夫人净妙之子。虽然说法不一，但是这些记载都表明弥勒是实有其人的，是出身于婆罗门的佛教菩萨。

在早期印度佛像中，在有胁侍菩萨的释迦牟尼佛造像中，站在两边的菩萨一般都是观音和弥勒的组合。我们今天要追溯弥勒菩萨造像的早期源头，就不能不提到犍陀罗佛教艺术家的创作。

犍陀罗古国的大概位置在今西北印度喀布尔河下游，五河流域之北。1世纪时，贵霜王朝兴起于印度北方，渐次扩张版图，并有喀布尔河一带。迦腻色迦王即位时，定都布路沙布逻，就是今天巴基斯坦的西北边省白沙瓦。白沙瓦地区和北部的斯瓦特河谷地区，是古犍陀罗王国的佛教兴盛区，这里是佛教早期艺术品产生的一个主要发源地。

犍陀罗艺术中的弥勒菩萨造像，与婆罗门形象及印度大梵天神的形象密切相关。在犍陀罗造像中，婆罗门作为寻求解脱的修行者，其形象一般都是头发梳束成卷，或者是绾成髻，长发披垂，手里总是提着水瓶，因为是出家人，所以不佩戴饰物。现藏于大都会艺术博物馆的这尊弥勒菩萨造像，就是犍陀罗时期弥勒菩萨的经典形象。

犍陀罗艺术中早期的释迦三尊形式的造像，释迦佛居中，左右两侧侍立的是婆罗门装束的大梵天和王公贵族打扮的帝释天，后来演化出弥勒菩萨和观音菩萨作释迦佛的胁侍菩萨。按宫治昭的研究，弥勒菩萨和观音菩萨分别代表了释迦佛"上求菩提"与"下化众生"的两个侧面。

弥勒菩萨立像，大都会艺术博物馆

按佛经中的描写，弥勒菩萨身紫金色，光明万丈如百千太阳，于兜率陀七宝狮子座结跏趺坐，顶上肉髻发绀琉璃色，眉间有白毫相光，流出众光作百宝色，昼夜六时常说不退转地法轮之行。正是因为佛经中有弥勒菩萨坐在狮子座上的描写，所以弥勒菩萨单尊造像或以弥勒菩萨为主尊的造像，往往也将其塑造为交脚坐在狮子座上的形象。

这尊收藏于巴基斯坦斯瓦特博物馆的交脚弥勒菩萨造像，就是坐在狮子座上的。弥勒菩萨面带微笑，坐在铺着厚重锦幔的台座上，台座两侧的锦幔下各有一头双目炯炯的雄狮守护。菩萨右手扬起作手印，左手放在膝盖上，指间夹着一个小巧的净瓶。在弥勒菩萨的右手边，一个供养人

交脚弥勒菩萨造像，巴基斯坦斯瓦特博物馆

也交脚而坐，左手按膝、右手持莲蕾，满怀崇敬之心仰望着弥勒菩萨。这块片岩半圆雕作品虽然已残，但弥勒菩萨坐在狮子座上的形象还是比较完整的，神态栩栩如生，是犍陀罗狮子座弥勒菩萨的经典作品，魏晋南北朝时期中原地区的交脚弥勒菩萨，基本上都沿袭和秉承了这一造型风格。

这种交脚弥勒坐在狮子座上的雕像，我们可以举出很多，如龙门石窟第1443窟"古阳洞"之北壁第135龛北魏"比丘惠感造弥勒像"就是非常典型的造像，这尊造像下面的题记明确标出这是弥勒像："比丘惠感造弥勒像记：景明三年五月卅日，比丘惠感为亡父母敬造弥勒像一区……"这尊造像雕刻于景明三年（502），虽然主尊头部已残，但是交脚而坐并且穿的是菩萨装，尤其引人注意的是，这两头狮子回首仰望弥勒菩萨，而弥勒菩萨的左手则放在膝上自然伸出，似乎是在抚摸狮子。这样活泼的造型，使得菩萨与狮子之间的关系顿时显得亲密无间，表现出浓厚的人情味。

一般来看，这种交脚而坐的穿菩萨装或穿佛装的坐像，基本都可以断定为弥勒菩萨或弥勒佛。

如山西博物院收藏的这尊北魏时期的四面造像石中的交脚菩萨，应该就是弥勒菩萨，其座下的两头狮子也呈回头而望的姿势，似乎在听法，又似乎在同菩萨交流，总之不是那种平视前方的造型。对这种造型，我们显然可以这样解读，即狮子关注的是菩萨，而不是菩萨对面的崇拜者。这种意蕴真的是很耐人寻味的。

如果再看一下这尊西魏时期（535—556）创作的交脚弥勒菩萨造像塔节，我们就会对菩萨座下狮子的神态之截然不同有一个鲜明的印象了。这尊造像雕刻比较粗糙，是造像塔上的其中一节，其表现的显然也是弥勒菩萨交脚而坐的形象，但是这两头狮子是直勾勾地面对着我们，而不是回头仰望菩萨的造型。这件造像是台北私人收藏品，虽然被作为艺术品著录，但是其来历显然也值得我们再斟酌。如果其真实性无误的话，那么它显然是北朝时期这种狮子座交脚弥勒菩萨造像中的一个特例，因为这一时期的此类造像基本上都秉承了双狮子回首仰望菩萨的造型。

四面造像石，山西博物院

这种双狮子回首而望弥勒菩萨的最典型的单体造像，我们还可以找出一例来，即陕西长武出土北魏延昌二年（513）郭伏安造像，通高53厘米，宽30厘米，厚9厘米。这是背龛式造像，主尊为交脚弥勒像与二护法狮子。两头狮子不但都回首仰望菩萨，

交脚弥勒菩萨造像塔节，台北私人收藏

157

交脚弥勒与二护法狮子,北魏延昌二年,陕西长武出土

三尊佛像碑,北魏延昌二年,台北私人收藏

而且看起来有将嘴放在菩萨膝盖部、轻吻衣裙的感觉。

当然,这也可能是观者的一种错觉。但是在北魏时期,狮子座的雕刻确实流行这样的一种风格,就是无论是弥勒菩萨的狮子座还是佛像主尊的狮子座,双狮子都呈回首仰望状,且部分狮子确实像是咬住了主尊佛像或菩萨像的衣裙。北魏延昌二年(513)造三尊佛像碑就是个典型样本,此像砂岩质,84厘米×52厘米,台北私人收藏。此尊造像雕刻精美,两头肥硕无比的狮子轻轻咬住中间主尊佛的衣裙。

显然,这种回首而望主尊的狮子座造像,不仅仅限于交脚弥勒菩萨造像,北魏时期的部分佛像或菩萨像也有这样的造型,如现藏于美国大都会艺术博物馆的两尊北魏时期的观音造像也是这样的风格。而交脚弥勒菩萨造像在东传过程中,当然也不仅是这样一种带狮子座的造型,如在新疆龟兹石窟的弥勒在兜率天宫说法的壁画中,弥勒菩萨虽然也是手执水瓶的造型,但是并没有坐在狮子座上。

在佛经记载中，文殊师利菩萨是印度舍卫国多罗聚落梵德婆罗门之子，而在中国佛教造像中，青狮子是文殊菩萨的坐骑。

文殊菩萨骑在青狮子上面的形象，完全是中国化的创作，应该同密教经典的影响有很大的关系。

在密教经典中，文殊菩萨有坐在莲花座、孔雀和狮子上的不同形象。如唐代来自印度的密教僧人金刚智所译的《大圣妙吉祥菩萨秘密八字陀罗尼修行曼荼罗次第仪轨法》就记载文殊菩萨的形象是："金色放光明，乘狮子王座，操持智慧剑，左手执青莲花。"

其实，在犍陀罗造像中，很难找到文殊菩萨的形象，犍陀罗早期三尊形式的造像中，有一胁侍菩萨手持梵箧的造像，可能就是文殊菩萨，但目前尚不能完全确定。

华夏地域内最早的文殊造像，应该是甘肃炳灵寺石窟中的"文殊问疾"的文殊形象，但是这个文殊是不骑狮子

犍陀罗三尊像，加尔各答印度博物馆

的，这也是南北朝到隋唐之间的石窟寺雕像与绘画中文殊菩萨出现的主要造像形式，这当然是对《维摩诘所说经》中"文殊问疾"的生动描写：释迦得知在家修道的维摩诘居士生病的消息，决定派遣弟子前去看望维摩诘，但是因为维摩诘智慧善辩，诸菩萨弟子怕不能应对维摩诘居士的问话与论辩，都不愿从命。只有文殊师利菩萨接受了释迦牟尼的派遣，前去探望病中的维摩诘，在中天竺的庵罗树园作了一番机锋纷呈的辩论。

因此，表现"文殊问疾"的雕刻或绘画，文殊大都是坐在莲座或帐中的说法造型，并没有骑狮子的。早期小乘佛教美术以表现佛陀的故事为主题，大乘佛教则专注于理论探讨，而密宗呢，则对各类神佛的神格及其特性做出了详细而烦琐的美术表现。可能正是因为这个原因，狮子作为智慧和佛法征服力的象征元素，才被密宗美术结合进了文殊造像中，并在唐代被汉传佛教所认可。如现存榆林窟的中唐时期的文殊菩萨骑狮子的造像，可以作为早期造像的一个例证。

该像绘于榆林窟第 25 窟，文殊头戴宝冠、手持如意，坐在狮子

文殊骑狮，榆林窟第 25 窟

背上的莲花座上面，神态安详，略带微笑。香花当空飘下，头上是随风飘动的宝盖，三位随侍菩萨手执宝幢，跟随其后。文殊菩萨所乘的狮子，头部刻画细致入微，其造型具有图案化的典型性。线条起伏运转，简洁规整，上眼睑一笔而成，有轻重粗细变化，墨色润泽，形成一条漂亮的曲线。下眼睑在淡墨之上提加浓墨线。眸子两层深浅略异的墨色，很有神。嘴沿处除勾勒出胡须之外，还点画出

皮毛上的点状刺斑，愈发生动。

文殊菩萨坐青狮子的形象，是从唐代才流行起来的，这个变化要从文殊与五台山的故事说起。

唐高宗年间，来自北印度的僧人佛陀波利曾朝拜五台山文殊道场，留下了许多神奇传说，也使得文殊菩萨与青狮子成为固定搭配。

五台山是佛教圣地，早在东汉时期就已有佛寺。文献记载，汉明帝派蔡愔西行求法，

文殊坐狮特写，榆林窟第 25 窟

同印度高僧摄摩腾和竺法兰返回中原后，在五台山建立大孚灵鹫寺，也就是今天的大显通寺。到北朝时期，佛教在五台山有了充分的发展。北齐时山上有寺院两百多所。

但是五台山并不是从有佛寺始就被认定为文殊菩萨道场的，而是跟《华严经》的译出有关。《华严经》是 420 年翻译出来的，其卷 99《菩萨住处品》有这样一段："东北方有菩萨住处，名曰清凉山。过去有善菩萨住址。彼现有菩萨曰文殊师利菩萨，有菩萨眷属一万，长为说法。"这只说了文殊师利菩萨住在东北方的清凉山，至于清凉山到底何在，并没有具体所指。唐代译出的《文殊师利法宝陀罗尼经》则有了更明确的记载："东北方有国名大震那，其国中有山号五顶，文殊师利童子游行居住，为众生说法。"

古代印度称中国为"大震那"，由此，在山西境内的五台山因为气候凉爽，并且有五个台顶，自然而然便被附会认定为文殊菩萨道场

清凉山，印度、狮子国直至新罗等国的僧人都纷纷前来朝拜，其中，北印度罽宾国佛陀波利朝拜文殊道场最为有名。

佛陀波利是北印度罽宾国人，他曾历访天竺、西域有关佛陀和佛教的圣迹，当听说文殊菩萨道场在五台山，便越过流沙，于唐高宗仪凤元年（676）登上五台山，虔诚礼拜，悲泣雨泪，期望能一见文殊菩萨显圣。

忽然，他看到一个老翁从山后走出，用婆罗门语跟他打招呼说："师何所求耶？"佛陀波利回答说："闻文殊大士隐迹此山，从印度来欲求瞻礼。"老翁告诉他，《佛顶尊胜陀罗尼经》是佛顶神咒、除罪秘方，如果能从北印度罽宾国取来此经，翻译流传中国、广利群生，他就可以告诉佛陀波利文殊菩萨的具体居住之地。

文殊菩萨化显为老人指点胡僧的故事，是唐代以后的佛教美术中被经常表现的主题，如藏于日本京都藤井有邻馆的唐代雕刻的《胡僧礼佛图》石灰岩雕刻即生动地展现了这一情节，石刻下方有题记：

胡僧礼佛图，石雕，日本京都藤井有邻馆

"胡僧西国来礼拜,文殊菩萨化作老人,一佛二菩萨阿难加叶。"画面中心被雕刻成一佛二菩萨二弟子的固定样式,右侧的文殊菩萨已经化显成头戴风帽、手执拐杖的老翁。最右侧的胡僧佛陀波利正俯身合掌作礼,向老人问询。画面的左下侧,小童子牵着一头静卧地上的狮子,表示这是文殊菩萨的坐骑。

佛陀波利听了老翁的这番话,喜出望外,他知道这是文殊师利菩萨化现成老翁在点拨他,于是再次返回北印度,取得《佛顶尊胜陀罗尼经》,再次来到中原,负经到达长安后,佛陀波利便求见唐高宗,长安的官员向朝廷上奏,唐高宗下诏让鸿胪寺典客令杜行顗与日照三藏在宫廷内将《佛顶尊胜陀罗尼经》译出。然而译完之后,却将此经留在内宫。佛陀波利为此而落泪泣奏,说自己舍命取经,目的在于广利群生,请求唐高宗将此经还给他,广为流传。唐高宗见他情辞恳切,便将《佛顶尊胜陀罗尼经》的译本留在宫内,而将梵文原本还给了佛陀波利。

佛陀波利得到《佛顶尊胜陀罗尼经》梵本经,非常高兴,于是到西明寺找到懂梵语的僧人顺贞,与其合作,再次翻出此经。此后,佛陀波利持梵本进入五台山,就不知所踪了。后来传说佛陀波利隐在了五台山的金刚窟。

佛陀波利隐入五台山,有一个动听的传说,说唐代宗大历中(766—779),南岳云峰寺僧人法照入五台山礼金刚窟,在半夜时分忽然见到一个身高七尺多的僧人,梵音朗畅,自称是佛陀波利。他问法照法师再次苦拜有何愿望,法照回答说:"愿见文殊。"佛陀波利告诉他,如果志力坚强,就可以见到文殊菩萨真容。法照遂瞑目定神,果然觉得自己进入了石窟,窟中有一座院落,题额"金刚般若寺",字体遒劲,光色闪烁。院中异宝庄严,目不暇接。楼观层叠,殿宇连绵,珠帘低垂,铃铎交鸣,有房屋二百多所。房中有《金刚般若》等

文殊真身殿，莫高窟第 61 窟西壁

一切佛经。文殊师利菩萨身处尊严，诸菩萨与信众弟子环拥听法。文殊师利菩萨宣言慰劳法照，并且赐给他香茶美食，然后由佛陀波利带他出去。法照出去后回首去看，哪有什么院落，佛陀波利也隐而不见了。

佛陀波利朝拜五台山的行迹，不但形成了好几种版本的传说，在五台山留下了金刚窟等与文殊师利菩萨显灵有关的遗迹，还影响了此后关于文殊师利菩萨造像的组合。

文殊师利菩萨是"华严三圣"之一，一般是主尊毗卢遮那佛，文殊和普贤是他的左右胁侍。文殊骑青狮子，代表佛的智慧；普贤骑象，代表佛的决心。这是根据《华严经》绘成的。如莫高窟 61 窟西壁壁画《文殊真身殿》，绘制于五代时期，是"华严三圣"的典型图样。

这种文殊菩萨造像的固定样式，出现于初唐时期，到晚唐时期比较流行，但是唐末五代时期，又在此基础上出现了"新样文殊"。

"新样文殊"的出现跟文殊菩萨两次化现不同形象的传说有关，一个传说是说文殊菩萨一次化为贫女，带着孩子和狗到大孚灵鹫寺乞讨，被逐了出来，于是现出了真身。据说那个孩子是善财童子，那条狗就是青狮坐

于阗国王为文殊菩萨驭狮图，安西榆林窟第 19 窟西壁

骑，所以此后就出现了三尊像组合的
"新样文殊"，即文殊菩萨、善财童子
和驾驭青狮子的于阗国王。安西榆林
窟第19窟西壁壁画中五代时期的"于
阗国王为文殊菩萨驭狮"即是这种三
尊像组合的新样文殊。

另外，由五尊像组合的"新样文
殊"跟佛陀波利朝拜五台山遇见文殊
师利菩萨化作老翁点化的传说有关
了。文殊菩萨、善财童子、于阗国
王、老翁、佛陀波利，就构成了一个
完整的文殊师利菩萨化现的经变图
样。榆林窟第3窟西壁北侧西夏时期

文殊菩萨坐狮图，榆林窟第3窟
西壁北侧

的"文殊菩萨坐狮图"就是五尊像的新样文殊典型图样。文殊菩萨手
持如意在青狮背莲座上半跏趺坐，形象丰腴、俊雅、坚毅、沉静。象
征智慧威猛的青狮足踏红莲，步伐劲健，于阗国王则用力拉着缰绳。

文殊师利菩萨与侍者，大理石雕刻，
大都会艺术博物馆

当然，有一些佛教美术作品仅
仅是将这些传说的某一个情节展现
出来，用特定的情节来表示文殊菩
萨的出现。如现藏于大都会艺术
博物馆的辽代的文殊师利菩萨与侍
者的大理石雕刻，表现了文殊菩萨
化显老人点化佛陀波利的场面，老
人和胡僧佛陀波利被分别置于画面
的左右上角，只占很小的比例，正
中是文殊菩萨骑在高大威猛的狮子

背上，整个雕塑雄宏厚重。狮子体肥腿粗、骨架粗壮，尤其引人注目的是，不但这头雄狮的尾巴被塑造成马尾的形状，而且身子也没有中原地区狮子造型艺术中"十斤狮子九斤头"的那种比例，而是狮身庞大、头部较小，可见辽代美术家完全是以马的比例来塑造狮子的。

据《入唐求法巡礼行记》卷3的记载，说在五台山台西下坂，行五六里处，有文殊与维摩对谈论道的遗迹，是两个大岩，相对高起，一南一北，高各三丈多，岩上皆平整，并且有大石座。两座中间，则有狮子的蹄迹，踏入石面，深一寸多。在此处所造的文殊殿中，文殊是骑双狮子的造像。

正是因为这些传奇与信仰的出现，使得唐代以后，不但文殊骑狮子的造像成了固定搭配，而且文殊作为主尊的崇拜逐渐形成，并影响到了东亚的日本等国，因而文殊骑狮子的造像，在唐宋以后的华夏地域与日本都极为流行。

在华夏佛教造像系统中，手持梵夹或青莲花的文殊造像更多地反映出汉传佛教的特征，而东传日本的文殊菩萨造像则多手持宝剑，表达了斩断无明、成就智慧的寓意，保留了更明显的密宗色彩。东京国立博物馆藏创作于13世纪的骑狮文殊五尊像，即是"新样文殊"东传日本后的典型造像，文殊菩萨手持宝剑，骑在怒目巨口的狮子背上，前方依次并立着老翁、于阗国王、善财童子和胡僧佛陀波利。

当然，唐代以后以三尊或五尊为主的"新样文殊"造像较为流行，但是"文殊问疾"的造像

骑狮文殊五尊像，东京国立博物馆

也是常见的美术表现题材，并且跟南北朝时期不同的是，文殊虽然坐在床榻上，但是狮子与善财童子等图像要素则被表现了出来。如故宫博物院收藏的南宋画家李公麟的纸本作品《维摩演教图》中，就有文殊菩萨与青狮子、善财童子的刻画。事实上，《维摩诘所说经》的《文殊问疾品》并没有记载狮子和童子，但是后代艺术家还是将唐代的传说结合了进来，突出地反映了宋代佛教美术的混合与中国化特征。画面背景中祥云飘逸，文殊师利菩萨足踏莲花，坐在装饰华丽的床榻上，面相慈祥沉静，衣带飘飘，于袅袅香烟中双掌合十，似在沉思维摩所说之佛理。床榻边，一头带项圈的狮子伏地而卧，善财童子立于狮侧，合十听讲。

（南宋）李公麟《维摩演教图》，故宫博物院

唐宋以后，由于佛教完全中国化，造像方面的随意性和创造性就比较大一些，关于文殊菩萨的造像也就

骑狮文殊，大都会艺术博物馆

不一定完全遵循经典的那种固化模式，如这尊藏于大都会艺术博物馆的清代的骑狮文殊，装束打扮同汉化的观音菩萨雷同，手中持梵匣，颔首低眉侧坐于狮子背上，既无牵狮者，亦无陪侍者，是一尊可以单独供养的造像。

三

观音菩萨与狮子

观音菩萨是中国人最熟悉的大乘菩萨，在 3 世纪的时候，观音信仰传入中国，很快就成为中国佛教信仰中最受民众尊崇的菩萨。

西晋太康七年（286），著名的佛经翻译家、被尊称为"敦煌菩萨"的竺法护翻译出了《正法华经》，正式揭开了我国观音信仰的序幕。在迄今为止的 1700 多年中，历代高僧们翻译了 100 余部观音经典，并且随着信仰的逐渐深入，出现了丰富多彩的关于观音的灵感录之类的文本与传说，观音菩萨的形象也逐渐丰富起来。

观音信仰的内容丰富，从性质来分，可以分为显教观音、密教观音和中国化观音。显教观音的图像塑造以《法华经》、《华严经》和《观无量寿佛经》为经典依据，图像中的观音为一首二臂，头戴化佛宝冠，手中多持有莲花、杨枝、净瓶、念珠、水杯等法器；密教观音的图像塑造以《十一面观音经》、《千手千眼观世音菩萨大悲心陀罗尼经》等密教经典为依据，图像中的观音为一首多臂，手中执花样繁多的不同器物，每一只手和每一种法器都有着具体的功能，能协助信徒解决种种不同的灾难厄运；中国化的观音则以中国佛教信仰者所撰著的一些关于观音的经文、宝卷、话本、传奇为依据，图像塑造丰富多

观音菩萨，私人收藏

样，有白衣观音、送子观音、鱼篮观音、南海观音等不同的形象。如这尊北齐时期的观音菩萨石像，造型丰满，面带微笑，是汉传佛教中观音菩萨造像的典型图样。

在早期的佛教造像中，有观音菩萨站在狮子座上的造型，如美国大都会艺术博物馆所藏隋代开皇三年（583）的"秦光先造观音立像"就是站在狮子座上的。这尊高41.5厘米的石灰岩雕像中，观音菩萨手握净瓶站在莲台上，两侧侍立着两弟子，莲台两侧弟子的前方立着两头气势雄壮的狮子。

秦光先造观音立像，大都会艺术博物馆

与此类似，还有北魏时期的一件观音菩萨与双狮子的造像值得我们注意。这是一件残破的石灰岩交脚而坐的观音菩萨雕像。菩萨两侧的狮子回首仰望菩萨，造型生动。这种形式的菩萨狮子座多见于交脚弥勒菩萨造像。一般而言，交脚而坐的菩萨像都是弥勒菩萨，但是这件菩萨像头冠上有化佛，所以应该是观音菩萨。我们把它断为观音菩萨的另一个原因是，大都会艺术博物馆还藏有北魏时期的另一尊石灰岩菩萨坐像，该菩萨也交脚而坐、头冠有化佛，该馆的专家将之断为观音菩萨像。因而，上面这尊带有双狮子座的菩萨也应该是观音菩萨。

交脚而坐的狮子座观音菩萨，大都会艺术博物馆

不过，魏晋南北朝时期这种狮子座上的观音菩萨造像，其实并没有刻意将狮子与观音菩萨的法力联系起来的用意，只是佛教造像中狮子座的一种模式化搭配。

交脚而坐的观音菩萨，大都会艺术博物馆

狮子是智慧和雄猛的象征，观音菩萨是救苦救难的菩萨，因而，将观音菩萨的法力与狮子的雄猛结合起来，是密宗艺术家的首创，那就是狮吼观音的出现。

狮吼观音是藏密本尊之一，是观音菩萨的化身之一。常见有两臂和六臂的，其典型标志是右手持有一只三叉戟，戟杆上缠有一条蛇。

在藏密造像秘籍中，是这样描述狮吼观音形象的：红色莲花上生出一头白色狮子，狮子头朝右躺卧，鬃毛橙色下垂；狮吼观世音身白色，一面二臂。菩萨面有三目，顶有发髻，左腿伸出，姿态如帝王般高贵，身着梵行者服饰，系瑜伽士布带，下身围红色丝裙，右侧是一根绿色三尖叉，白蛇缠绕叉杆。左侧是一朵莲花，花上有盛满花朵的嘎巴拉碗，一朵白色莲花在他耳边开放，花上有智慧剑，放出火焰。

在佛教经典中，狮子吼代表佛法宏大无边的威力，是无上的震慑力，也是强劲的传播力——这是古代亚洲狮生长区域内的人们对狮子吼威力深刻认识的高度总结。

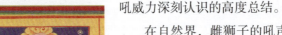

狮吼观世音

在自然界，雌狮子的吼声很简短也很低沉，不足以引起震动效应，而雄狮的吼声则非常洪亮、震人心魄。雄狮发出吼叫声，是在传达一种信息，告诫其他地方的雄狮，最好不要进入它的王国。一般是在夜晚和黎明，雄狮会发出它那种洪亮的吼声，这种吼声非常耗费体力，因为它的声音之大，如雷鸣般隆隆轰响。在天气条件好的情况下，在平地上可以传到 8000 米以外。

正是因为雄狮吼声震耳欲聋的效应，诞生于印度大陆狮子生长区的佛教才会将狮子吼作为佛法威猛的一个象征。按佛教的说法，以狮子为坐骑，能降伏一切魔所生的病苦，使三界众生脱离苦海，具有极为威猛的力量。而狮吼观音则以观音菩萨骑坐在狮子背上的形象，表达了救苦救难的观世音菩萨的法力深不可测、悠远无上。

狮吼观音造像艺术品，大多是 12 世纪以后创作的，并且在密教造像的基础上，呈现出汉化的趋势。

铜狮吼观音，12—13 世纪，故宫博物院

如这尊高 20 厘米的铜狮吼观音，是 12—13 世纪之间的作品，观音为右舒式自在地坐于狮子背莲花座上，上身略左倾，姿态优美。面相庄严慈祥，细眉长目。头戴三叶冠，发结顶髻，袒上身，双手结说法印。双肩饰粗壮的莲花，左侧莲花上托梵夹。坐骑狮子呈回首怒吼状，生动而威猛。

藏于北京故宫博物院的另一尊 14 世纪的铜狮吼观音则呈游戏坐姿，左腿弯曲，右腿踏在莲花台上。左侧主干连枝有三朵莲花，其中一朵上置嘎

铜狮吼观音，14 世纪，故宫博物院

具有汉化特征的铜狮吼观世音，16世纪，故宫博物院

铜鎏金狮吼观音，乾隆时期，故宫博物院

巴拉碗，右侧莲花上立三叉戟头。造像中的狮子虽是回头张口作吼的样态，但一点也不凶猛，倒是像要回头亲吻菩萨手部的感觉。狮子也不是卧狮，而是立狮，这同藏密造像秘籍中所描绘的狮吼观世音的造像法度不同，艺术家的独立创作思想由此可明显地反映出来。

而这尊16世纪的铜狮吼观世音像，则反映出更加明显的汉化特征。此尊造像是典型的汉地传统狮吼观世音。观音菩萨侧身游戏坐于狮背。狮子卧伏在地，回首向上作吼叫状，狮子项挂铃，是汉式的习惯表现手法。虽然此像的璎珞和服饰具有浓重的藏传佛教艺术风格特点，但是其脸部的汉化特征却十分明显，面庞丰满，下颌浑圆，用阴线刻画双层下颌。后背依靠小栏，这种独特的做法反映出明显的汉式特点。

狮吼观世音造像中的狮子，有立狮、卧狮，造型多样、神态各异，生动地反映出狮子图像中国化后，艺术家们对狮子作为瑞兽和守护者形象的创造性塑造。如这尊清乾隆时期的铜鎏金狮吼观世音造像中的狮子，就是截然不同于上述造像中的一个例证。这尊观音一面二臂，蓝色发髻高耸，面相宁静。袒露上身，肩披帛带，胸前斜披络腋，细长禅思带系于左肩和右足间，下身着裙，佩饰耳珰、项链、臂钏、手镯。游戏坐姿，侧坐于狮子背上，右腿伸出。左侧连枝上有嘎巴拉碗及剑，右肩上置三叉戟头。

这尊造像中的狮子不是回头作吼，而是凝视前方，双目圆张、巨口作吼，呈行进于草原大地的那种行走状，与背上观音菩萨沉静的神态正好形成动静相衬。

当然，我们上面列举的狮吼观音菩萨都是密宗菩萨，在密宗的影响下，汉传佛教中也出现了狮吼观音菩萨造像。如大都会艺术博物馆这尊大约是 15 世纪晚期的明代狮吼观音造像即是一个显例，此像高107 厘米，是杨木雕刻彩绘，虽然彩绘已经脱落，但菩萨与狮子的形象仍然栩栩如生。观音完全是汉传佛教的菩萨形象，神情沉静；狮子

木雕彩绘狮吼观音，15 世纪晚期，大都会艺术博物馆

狮吼观音木雕像，明代，大都会艺术博物馆

骑狮子的送子观音，大都会艺术博物馆

则回首注视菩萨，狮口紧闭，完全没有吼的这个动作。

大都会艺术博物馆收藏的另一尊明代狮吼观音木雕像也是同类作品，头戴宝冠的观音菩萨神情沉静，而卧狮则呈回首作吼的样子。

观音菩萨骑在狮子背上的造像，当然不仅仅有狮吼观音这一种。唐宋以后佛教完全中国化之后，对于佛教造像的塑造，相对就体现出了更多的本土创造性，但凡佛教经典中出现的图像元素，都被艺术家们随手用来搭配成不同的组合，狮子即是一例。

如明代绘画中就有骑在狮子背上的送子观音菩萨，这幅画中的狮子是完全写实的雄狮形象。显然，这是把狮吼观音与送子观音结合在一起而产生的一个创作。

在西亚与中亚地区，丰育女神如娜娜、度尔伽等都是骑在狮子背上的，所以明代画家将送子观音画成骑狮子的形象，也是有一定道理的。

四 庄严的骑狮本尊

西藏高原气候寒冷、氧气稀薄，狮子作为一种动物自然无法生存，我们在文献中也见不到贡狮子的记载，因而狮子作为一种动物，跟青藏高原是无缘的。但是作为一种图像，随着佛教的传播，狮子在这块神奇的地域也扎下根来，成为一种威严的吉祥守护神。

至迟在 8 世纪前后，狮子图像就已经与青藏高原结缘，如这件大约在 7—8 世纪铸造的释迦牟尼黄铜合金错银佛像，就是佛陀坐在狮子座上的形象，佛像头部有蓝色颜料，身体有泥金痕迹。该像有藏文铭文，铸造工艺精湛，遵循的是 7—8 世纪大斯瓦特地区已经定型的工艺传统。

在古代巴基斯坦斯瓦特河谷地区早期佛造像中，标志性的姿势是保持双手在身体旁侧。宝座下狮子的鬃毛跟佛的头发类似，有如一个个突起的小圆饼。佛坐在垫子上，有块织物搭在垫子前面，织物周边垂下很多小流苏。在织物的中间位置，錾刻了一句简短的藏文铭文："好的、漂亮的"，这是对佛像的赞美，但是这句铭文可能是后刻上去的。即使如此，这件造像也可以说明狮子图像在 8 世纪前后已经随着佛教传播而进入藏文化之中了。

能代表藏传佛教早期狮子座佛像的，还有这尊黄铜嵌银的克什米尔作品，它高

释迦牟尼黄铜合金错银佛像，大斯瓦特地区

黄铜嵌银狮子座宝冠佛像，法国巴黎私人藏品

青海都兰墓地石狮，都兰考古研究所

吐蕃王室墓地的石狮子雕像，西藏雅砻河谷

34厘米，据铭文创作于8世纪早期，是法国巴黎私人藏品。

这件宝冠佛像坐狮子座，这与佛至尊无上的身份相吻合。精致的宝冠上有银连珠纹。太阳穴处的小花正是这一时期克什米尔宝冠的特征，从宝冠上延伸出来并垂到肩上的小束宝缯渊源自波斯。

在西藏，包括赞普和地方贵族的墓地在内，习惯上都使用对狮造像。在青海都兰墓地出土的石狮子就是典型的例证。

这方面的典型例证还有一尊伫立在西藏雅砻河谷中一个墓地角落的巨大的卷毛狮子。这件作品高150厘米，是9世纪早期吐蕃王室墓地的石狮子雕像，代表的是西藏最早的狮子单体雕塑。

尽管狮子并非西藏的本土动物，赞普及大臣们还是把它当成王权的象征符号。考古发掘中还发现有狮子图案的帐篷织物。为了便于管理，吐蕃王朝的官方文书上要钤狮纹印章。在印度，狮子代表王室，佛教徒还把狮子和释迦牟尼的王族身份联系起来，并用对狮来装饰他的宝座。

藏传佛教中到底有多少种本尊是有狮子座或骑狮子的，这个问题目前尚无人统计过。

藏传佛教的唐卡与各种造像种类繁多、本尊复杂多样，自19世纪以来，在蒙古及藏传佛教地区就流传一种藏传佛教本尊大全的彩绘本，它是一幅幅小唐卡配以文字解说与密言咒语，是为了方便行者观修本尊，特别是方便密宗上师为弟子们灌顶时使用，因而这种文献所载的骑狮子的本尊应该是比较全的。

欧洲学者对这些彩绘本广泛搜辑，并刊布于世，我们就以瑞士藏学家马丁·布劳恩与马丁·威尔森所著《藏传佛教本尊大全》为依据，对藏传佛教中骑狮子的本尊择要考察。毕竟，该书所收510幅藏传佛教的本尊图像，应该是迄今为止收录藏传佛教本尊造像最为完整的图文集。

根据这本大全文献，在藏传佛教造像中，在狮子座或骑在狮子背上的本尊很多，主要有以下几种：坐在狮子座上的释迦牟尼佛、大黑天，骑在狮背上的文殊菩萨、语狮子文殊菩萨、观音菩萨、狮吼观音菩萨、多闻天王、财宝天王、难近母、吉善金刚、护法神、宗喀巴祖师等，此外，还有蓝狮面空行母、红狮面空行母、智慧空行母、智传骑狮绿多闻天王、狮子座部众主护法、阿底峡所传骑狮雄威护法、狮子文殊、祥寿佛母、大吉祥天女等。

从8世纪开始，藏传佛教造像深受西域的影响，这与该地区在那个时

语狮子文殊

代的社会变动息息相关。就在赞普的后人在西藏西部土地上建立新王朝的时候（约920），印度西北部的乌仗那（Uddiyana）等地区战事不断，佛教僧人没有安定的传教环境，所以大都是云游的修行者，而不常住在寺庙中。几个世纪前玄奘访问过的那些著名的佛教寺庙都已经毁于战火。这些破坏性的事件和持续动荡的经济，对该地域的艺术家们影响巨大，导致他们不断移居，寻求安定和有利于艺术创作的氛围。因此，西藏喇嘛们的传记中就出现了大量印度次大陆西北部艺术家于10世纪后期到达西藏西部的记载。包括布达拉宫在内所收藏的一批具有西域风格的佛像，就是在这种历史背景下被带入西藏，或者其造像风格被西藏继承发扬。马丁·布劳恩与马丁·威尔森所著《藏传佛教本尊大全》中所讲的造像法度与形象要素，内中就有许多继承的是这些宝贵的历史遗产。譬如阿底峡所传骑狮雄威护法即其中之

一。印度佛师阿底峡（Atisa），曾在印度东部的超戒寺长期传道。在他50多岁的时候，到达西藏西部的托林，带来了印度东部的美学观和佛学体系。

阿底峡所传骑狮雄威护法造像，是愤怒金刚手，他手持三尖叉，以右腿屈左腿伸的姿势踞于白狮子之上。而大都会艺术博物馆所藏一尊站在狮子背上的护法造像，是尊镶嵌绿松石并鎏金的造像。护法呈现愤怒之相，右手持三尖叉站在狮子背上，同阿底峡所传骑狮雄威护法造像在造像法度上应该是相同的。

站在狮子背上的护法，大都会艺术博物馆

178

在护法中，宁玛派的
吉善金刚也是骑在白狮子
上的忿怒相护法。吉善金
刚，也称善金刚。善金刚
是起源于中亚的神灵，藏
族人认为他是印度那烂陀
寺一位杰出僧人的精魄。
他犯了很多重罪，作为惩
罚，让他托生为西藏一位
游荡的精怪。根据宁玛派
教义，吉善金刚是最高等
级的世界护法神之一。

阿底峡所传骑狮雄威护法造像

当然，在藏传佛教造像中，骑狮子的造像最常见的主要还是文殊
菩萨、狮吼观音、多闻天王尊像。

文殊是佛教中智慧的象征，手中常持宝剑代表斩断无明。由于文
殊与《般若经》关系甚密，因而，《般若经》也是他的法物之一。如这尊15—
16世纪的铜鎏金彩绘文殊菩萨造像，鎏
金饱满，色泽明艳，文殊菩萨手持说法
印，左侧身舒坐于狮子背上，面容平和
殷切。狮子造型结实威猛，回首顾盼正
在说法的文殊菩萨，血盆大口，如吼
似笑，威猛中不失稚趣。宝狮的头部
鬃毛、足与尾巴都被染成蓝色，尾部
的造型犹如一团袅袅升起的云朵，既有
轻盈的动感，又不失美化的艺术趣味。

布本设色唐卡《吉善金刚》中
的白狮子，私人收藏

铜鎏金彩绘文殊菩萨造像，西藏

由于文殊菩萨有不骑狮子的造像，所以又把骑狮子的文殊称作狮子文殊。按《藏传佛教本尊大全》的法相仪度，狮子文殊所乘的是蓝狮子，狮子的鬃毛放出橙色的光芒，嘴上翘，狮身之上有莲花和月轮。菩萨身色为橙色，一面二臂，右手向上挥舞宝剑，左手当胸以拇指和无名指拈持乌巴拉花花根，花朵在菩萨耳际开放，花上置有《般若经》。菩萨头顶结有发髻，显现妙龄之身，放出橙色光芒。

狮子文殊的形象，还有藏传佛教息结派的创始人当巴桑杰的主修本尊语狮子文殊。

语狮子文殊造像，是从莲花和月轮上生出一头蓝色狮子，头朝右方，脸上仰，褐色鬃毛散披垂下。文殊菩萨身如红丹色，两手结说法印，拇指和食指之间生出乌巴拉花的花茎，花于菩萨耳际开放，左边花上有一本经典，右边花上是一把宝剑。文殊菩萨为十六妙龄身姿，头上结有五个发髻，以皇者之姿骑于狮子上，

狮子文殊

身饰丝质天衣和种种宝饰，面容平和，露出微笑，姿态优雅。文殊菩萨身边还有一尊闪光的神——妙音天女，她身如蓝色宝石，着女性本尊的全部服饰，以蹲姿而坐，神情骄傲。

唐卡中还有"文殊善言狮子"造像，狮子则被画成红色的鬃毛。

狮吼观音为观音的化身之一，以狮子为坐骑，能降伏一切龙魔所生的病苦，使三界众生脱离苦海，具有极为威猛的力量。

多闻天王，又被称为财宝天王，也是藏传佛教造像中骑狮子的本尊，这尊13—14世纪的冷金彩绘石像，就是一个典型造像。此像为石质浮雕，涂金并施以彩绘。天王头戴毗卢宝冠，身披坚韧的皮革甲胄。左手持鼠狼，右手持宝幢，表示福德。双目透出勇猛之气，唇上三绺胡须，胯下巨狮青鬣赤面，阔口如盆。上下围绕八路财神，协助财宝天王救诸众生。

多闻天王在印度神系中就以"财宝的赠与者"而闻名，传入中国后也被称为毗沙门天王或北方多闻天王，是财宝护法，颇合世俗人众对于求神保佑家财国宝的心理需求，因而造像颇多。如这幅私人收藏

文殊善言狮子造像，私人收藏

多闻天王造像，私人收藏

多闻天王画像，私人收藏

的绢本设色的多闻天王画像，是清代绘画中的精品，天王所骑乘的是红鬃毛的白狮子。

多闻天王的造像还有一种"智传骑狮绿多闻天王"，天王身绿色，一面三目，微露獠牙，右手拿饰有宝环之棍，左手于身侧捉吐宝鼠，身着丝质服饰，披金色盔甲，身有宝饰。

藏传佛教中的空行母也与狮子有关，但不是骑在狮子上，而是变化成狮面空行母，造像中有蓝色狮面空行母和红色狮面空行母。

蓝色狮面空行母是深蓝色身体，身体跨越三界，四肢和躯干充满力量，面容极为忿怒，张嘴卷舌，露出獠牙，嘴边隐现如青蛙状的毒物。空行母以左腿伸出之舞姿站立，身着虎皮围裙和人皮及象皮缝合而成的披肩。红色狮面空行母则是红色身体，其他与蓝色狮面空行母同。

就狮子座而言，藏传佛教中有狮子座的本尊有释迦牟尼佛、药师佛、观音、各派祖师等，狮子以白色对狮子造型为主。如清代布本设

《祖师》中的狮子座，清代布本设色唐卡，私人收藏

《金刚总持与佛母》中的狮子座，清代布本设色唐卡，私人收藏

色唐卡《祖师》与《金刚总持与佛母》中的狮子座就是这样典型的样本，前者是绿色鬃毛的白色卧狮，沉静自若；后者是一对纯白色的立狮，两头狮子呈一进一出之动态，鬃毛飞扬，尾巴甩动，有疾走搏斗之意，动感之强烈，从画面上似乎可以听到呼呼的风声。

第九章

狮子与佛陀的莲花世界

　　在欧亚大陆，莲花被人们不约而同地视为生命循环、生生不息的象征，而狮子则是对人类生命构成威胁的最主要的大型猛兽之一。美丽的植物莲花作为"生息者"的代表，与威严的动物狮子作为"毁灭者"的象征，在佛教文化中奇妙地结合了起来，狮子守护莲花成了佛教装饰图案中一个盛行的主题。在佛教造像艺术中有各种样式的佛陀坐具，狮子座是与金刚座、莲花座等同等庄严重要的宝座，狮子座佛像，既表示对佛法的守护，也表明佛陀如狮子一样具有大雄猛的无边法力，可以威震四方庄严国土，庇佑众生。

佛陀狮子座

狮子在印度自古被尊为百兽之王，象征人中的雄杰或导师。公元前3世纪的孔雀王朝时期，阿育王征服整个印度之后，将雄狮的形象雕刻在石柱头上，象征王权和佛法。佛祖释迦牟尼出身于印度王族，又被誉为"人中狮子"，所以佛陀所坐的法座，也就被称为"狮子座"。佛教造像艺术中，一般是在法座上面刻画或蹲或立的双狮子形象作直观表现。

从十六国到隋唐时期的佛教造像，佛陀的狮子座在中国佛教艺术中的造型主要有二狮蹲守的狮子座和三狮组合的狮子座。

我们在这里选出在壁画与造像中有代表性的狮子座图像，看看狮子座在中华佛教中的具体样式。

第一个狮子座图像是这座禅定印的佛陀坐像，是2—3世纪的作品，现藏哈佛大学艺术博物馆，是出土于中国河北地区的早期金铜佛像的代表作品。佛陀背后有火焰纹的背光、头部细密整齐的发丝、高高的发髻、三角形的衣领和质感很强、梳理整齐的短髭，都表明这是一个典型的犍陀罗风格的佛陀造像。

最为引人注目的是

狮子座上的禅定印佛陀坐像，哈佛大学艺术博物馆

186

佛陀法座两侧那两头鬣毛蓬松飞扬、张口露齿的护法狮子。它们的腿如柱子般有力地挺立着，双腿呈八字形，身体微微向外倾斜，大张的口部似乎是在配合佛陀的微笑似的，也给人以笑哈哈的感觉。双狮的中间，是盛开在水瓶中的茂盛的莲花。显然，这两个狮子挺立的双腿表达的是用力扛起佛座的意思，而倾斜的身体与内伸朝向莲花的巨爪，则有明显护佑莲花的意味。

与同时期在中国华北地区出土的金铜佛像相比较，无论在造型的特殊性，还是铸造的精细程度与技术精湛方面，这尊禅定印的佛陀坐像都远高于其他作品，所以不排除这件作品是从西域地区流入的可能性。

这个狮子座那种张嘴露齿、身体略微外倾的双狮子图样，与秣菟罗、犍陀罗地区1世纪的石质佛陀造像完全一致。如赵玲在《印度秣菟罗早期佛教造像研究》中发布的秣菟罗考古博物馆藏编号为42.2929的禅定佛陀造像中的狮子座、西塔拉迦提（Sitalghati）出土的通肩坐佛双狮子座等，都是这样的狮子造型。而大约创作于2—3世纪之间的一件犍陀罗的片岩雕塑作品，佛陀安详地坐在狮子座上，两侧的狮子身体外倾、双腿柱立，与河北地区出土的这件金铜禅定佛座上的双狮子风格完全一致，两者的继承关系一目了然。

第二个狮子座图像来自敦煌壁画，是敦煌莫高窟272窟南壁北凉时期（397—406）《说法图》中的双狮座。

此图的狮子座为敦煌壁画中时代最早的狮子图像，它被绘成一只长着胡须

狮子座上的佛陀，片岩雕塑，秣菟罗考古博物馆

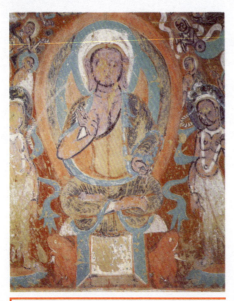

敦煌壁画最早狮子座，莫高窟 272 窟南壁《说法图》中双狮座

的圆头猛兽。双狮座上的狮子是象征性的，因而消减了狮子的自然特征。其形象朴拙、简练，有几分汉代石雕的沉重感。狮子的前胸绘得强健有力，而头部则含糊地概括为椭圆形，颈部没有波斯或印度雄狮那种火焰状鬣毛，下颚处画有一缕像辟邪那样的胡须。

壁画中的狮子座不但有这样按照传统固定模式描绘的一边一头狮子的图样，还有几种相对比较随意的狮子座图样值得我们重视。

一个不同的特例来自莫高窟第 16 窟佛坛主尊彩塑佛座南侧须弥座壶门里的晚唐双狮。这两头狮子，前面一头雄狮鬣毛竖起，怒目回首，龇牙咧嘴，对身后的狮子发威。后面的狮子鬣毛下垂，虽然圆瞪双眼，大张着口，却显得不够威严，倒有几分像供人玩赏的狮子狗。这两头狮子既然画于佛座上，当然有代表佛的双狮座之意义，但是却完全突破了那种狮子两两相对、整齐划一的模式，从一个侧面表明了佛教艺术中国化和世俗化的迹象。

另一个特例是榆林窟 25 窟内中唐时期的三个狮子组合的狮子座。

榆林窟第 25 窟是吐蕃统治时期的代表性石窟之一，其壁画艺术性很高。在菩萨装的卢舍那佛像中，画着狮子座，左右各有一侧面坐狮，中央一头为正面。正面的样式极为罕见，在壁画中完全正面构图

须弥座壶门里的晚唐双狮，莫高窟第 16 窟佛坛主尊彩塑佛座南侧

的坐狮，处理相当困难。而这幅画的效果却很好。狮子坚实的胸脯、强壮的四肢、卷曲茂盛的鬣毛、有神的双目、漂亮的眉毛。虽张开巨口，但却并无凶恶之相，倒有几分惹人喜爱的笑意。

　　像这样由三头狮子组合而成的狮子座，在华夏佛教造像与壁画中非常罕见，其源头可以在秣菟罗造像中找到，如秣菟罗考古博物馆收藏的一尊高 69 厘米的佛陀造像，是 2 世纪贵霜王朝的作品，它的狮子座就是由三头狮子的组合来表现的。这尊用红色的带有亮点的砂石雕刻而成的佛陀坐像，乃早期秣菟罗艺术之典范。佛陀双腿屈盘，足掌朝天，结跏趺坐于由三头狮子支撑的台座之上，座上刻有碑文。碑文指出这是一尊菩萨的雕像，大抵是因为在早期，人们把在各地到处传法的佛陀称作菩萨的缘故。佛陀的体态与举止跟国王并没有什么两样。他身后所装饰的

三头狮子的狮子座，榆林窟第 25 窟菩萨装卢舍那佛像

狮子座佛陀造像，秣菟罗考古博物馆

菩萨立像，石愚山房收藏

半圆形的头光便是菩提树枝。正是在此树枝下，太子悟道成佛。佛陀背后站立两位男性侍从：手持拂尘的金刚手菩萨和莲花手菩萨，飞动的天女们正往佛陀身上散花。狮子座上的碑文曰："佛图拉什塔的母亲阿莫哈西及其父母一道，将此尊菩萨像置于自家的庙宇中，企愿一切众生，吉祥如意。"

这尊造像的狮子座上的三尊狮子非常经典，中间的狮子正面蹲踞，沉静自若；两侧的狮子相背而坐，将上身尽力挺起来，像是要扛住佛陀所坐的那个台座似的。早期秣菟罗造像中的狮子座表现形式中，还有一种两个带翼狮子在佛座两侧，挺立前半身，用力扛起佛座的造型。那么这个三头狮子的狮子座，也包含着这种扛起佛座的寓意。

第三个狮子座图像来自石愚山房收藏的隋代（581—618）菩萨立像，这是一尊汉白玉造像，高107厘米。菩萨头戴花冠，身披璎珞，手持莲花，面带微笑，站在精美的覆瓣莲台上，圆形的莲台下是长方形的狮子座，狮子座两侧是两个供养人，中间是地神手托摩尼宝珠，两边各有一头鬃毛蓬松的蹲狮，翘尾张口，举起前爪扶着摩尼宝珠，表示狮子护法的意思。

在华夏地域内的石窟寺造像、寺庙造像及

考古出土的南北朝至隋唐的各种石像、金铜造像中，虽然狮子的形象各有不同，或写实逼真，或肥硕臃肿，但是大多数的狮子座都是这样两头狮子相对而蹲的模式。

将在中国发现的宋代之前的狮子座造像与秣菟罗、犍陀罗同类造像相比，我们还发现了一个有趣的现象：秣菟罗和犍陀罗的狮子座上的狮子，要么是狮头向前的正面像，要么就是双狮相背头向外侧的形象，而中国发现的同类造像，尤其是石刻雕像，大多是双狮头朝向中间的莲花或摩尼宝珠。这个差别，可能反映了在佛教发展的不同阶段，艺术家或工匠所秉承的观念略有差别。

双狮头向外侧的造型，也许其最早的观念源头来自阿育王柱头狮子同样的观念——雄狮远望无边无际的四方大地，有威震万国、远播佛法的含义；而中国所创作的狮子座则更多的是包含着双狮子护佑莲花、摩尼宝珠与佛法的寓意。

从狮子座佛像传入中国的时代来讲，在华北地区发现的一系列十六国时期的小型的便于携带的金铜佛造像是较早的。

这些金铜佛像分布在由中原的洛阳地区沿太行山、燕山山脉向华北地区直至东北地区的朝阳的古代交通线上，这同早期来华传教僧人佛图澄等人的活动路线是相重合的。说明早期的僧人就是随身携带着这些佛像，到了城市或聚落则拿出铜像来传教礼拜。僧史文献中还记载释道安在传教时，有的弟子对他所携带的多尊佛像中的一尊铸造不甚精巧的佛像有所轻视，结果释道安在这尊佛像的发髻中发现了舍利，弟子们才恍然大悟这尊佛像一定有非凡的

铜鎏金狮子座佛像

青瓷釉彩壶上的堆塑狮子座佛像，南京雨花台长岗村出土

来历。可见当时的这些金铜佛像，有部分是来自西域地区的。

然而，十六国时期的这些狮子座金铜佛像虽然是中国僧人和佛教徒最早礼拜的佛像，但并不是最早传入中国的狮子座佛像，最早的狮子座佛像至迟在三国时代就已经在南方地区的壶、魂瓶等器物上出现了，虽然这些佛像并不是用来礼拜，而仅仅是作为一种神仙化的符号或装饰出现的。

在汉末至西晋时期，在南方的云南、四川、湖南、湖北、江西等地就发现了佛教造像近220处，其中有一部分佛像就是佛陀坐在狮子座上的形象，是秣菟罗造像的样式。如南京雨花台长岗村出土三国时期的青瓷釉彩壶上的堆塑佛像装饰即是典型代表，佛像二尊凸出器表，佛陀高踞莲座，左右有双狮子头。

显然，狮子座佛像在三国时期以装饰性图样传入中国，东晋十六国时期有了供佛教徒礼拜的狮子座佛像，南北朝时期逐渐兴盛。

在山东青州、河北曲阳和临漳都发现了大批的北朝狮子座石像，而龙门石窟等北朝、唐代雕刻佛像中更有大量的典型图像。

二 石柱上的狮子王

在魏晋南北朝时期，南朝王公贵族陵墓上有一种神道石柱，其形制同印度狮子文化的东传有一定联系。

这种石柱柱头上有一狮形的辟邪，最典型、保存最完整的是南朝梁萧景墓神道石柱。

萧景是梁武帝萧衍的堂弟，他的陵墓现存于江苏省南京市北郊十月乡十月村。陵墓的神道石柱高 650 厘米，分柱础、柱身和柱头三部分。柱础由上下两层组成，下层为一方形基座，四个立面刻有神兽。上层刻两条蟠螭，口中含珠，相对合围成圆盘形。柱身为圆柱形，上端有一长方形柱榜。柱榜上刻有反书"梁故侍中司抚将军开府仪同三司吴平忠侯萧公神道"，书体为楷书而略带隶意。柱榜之下浮雕三个带翼、兽首、人身的畏兽，其下方刻有绳辫纹和双螭交首纹。柱身刻有二十道竖直的弧形凹槽纹。柱头上置一盘形圆盖，周缘有莲花纹，圆盖上面蹲踞一只狮形的小辟邪。萧景墓石柱是现存南朝神道石柱中保存最完整的，十分珍贵。

南朝梁萧景墓神道石柱，江苏省南京市北郊

这种在柱头上有蹲狮的具有纪念性的石柱，显然深受印度阿育王石柱的影响。

阿育王石柱（Ashoka pillar）是孔雀王朝时代最具代表性的建筑雕刻。阿育王为铭记征略，弘

阿育王双狮法轮石柱，拉合尔博物馆

扬佛法，在印度各地敕建了 30 余根纪念碑式的圆柱，这些柱子一般高 10 多米，重 50 吨，其中最著名的是鹿野苑的石柱，在其柱头上刻有四只背对背蹲踞的雄狮，整个柱头华丽而完整，并且打磨得如玉一般的光润。现藏于拉合尔博物馆的公元前 3 世纪的阿育王双狮法轮石柱，也是阿育王石柱中的精品。

阿育王（Ashoka）是印度孔雀王朝的第三代君主，约公元前 304—前 232 年在位。他是频头娑罗王之子，是印度历史上最伟大的一位君王。他一生的业绩可以明显分成两个部分，前半生是黑阿育王时代，主要是经过奋斗坐稳王位和通过武力基本统一了印度。据说，阿育王由于在征服羯陵伽国时亲眼目睹了大量屠杀的场面，深感悔悟，于是停止武力扩张，弘扬佛法。所以，他的后半生是白阿育王时代，他同佛教高僧优波鞠多数次长谈之后，终于被感召，决心皈依佛门，彻底改变统治策略。因为他深深感觉到：武力的征服，并不是真正的胜利；使每一个人都能沐浴佛化，思想行为都能符合佛的教导，战胜了每个人身心的罪恶，这才是真正的胜利——正法的胜利。阿育王宣布他将不再主动发动战争，即使不得已的战争也将尽量减少伤亡。他宣布佛教为国教，将他的诏令和正法的精神刻在崖壁和石柱上，成为著名的阿育王摩崖法敕和石柱法敕。

现在，耸立在印度吠舍哩的阿育王石柱狮子，是阿育王为了标示佛陀最后一次正式开示说法之地而树立的。柱子整体浑圆光亮，毫无刻文的平滑柱身高高耸立，顶端倒扣着一朵造型优美的莲花，莲花上坐着一头线条流畅、比例均衡、威风凛凛的石狮子。它雄伟有力地张

着大口。面向西北方，对着佛陀入灭的拘尸那罗
发出正法的吼声。将这个石柱同南朝梁萧景墓前
的神道柱相对比，可以很直观地看到二者之间在
造型上的承接关系。

阿育王时代，佛陀的造像尚未诞生，所以，
柱头上的狮子既是佛陀的代表，又是佛法的代表。
用狮子来代表佛陀，一方面跟释迦牟尼的出身有
关，在印度大陆及西亚、中亚地区，狮子是具有
像中国的龙一样的象征意义的神兽，是王者的代
表。而释迦牟尼出身国王之家，是王子，所以用
狮子来代表他，符合他的家族身份。另一方面，
狮子是草原上的百兽之王，而佛陀则是佛法世界
的至高无上者。所以当佛像诞生后，早期的艺术
家也用蹲踞在佛陀脚下的狮子来代表佛陀的王族
出身和至高无上的地位。

阿育王石柱狮子，
印度吠舍哩

鹿野苑博物馆收藏的这尊 2 世纪的佛陀立像，
就用狮子来表明佛陀的高贵身份。该造像用红色
的带有斑点的砂石雕成，高 248 厘米，是大型的
佛陀立像，应该是历史上表现佛陀的最为古老的
形式。佛陀高大威猛、健壮无比，两腿之间坐着
一头狮子，这便暗示了他是来自释迦部落的圣者。
台座上的碑文记录了雕塑家的名字和雕造时间：
"巴拉（Bala）比丘，123 年于鹿野苑制造完成。"

雄狮作为王者至尊的代表，佛经中归纳出了
其一些不同于凡品的特征："狮子王，清净种中
生，深山大谷中住，方颊大骨，身肉肥满。头大

佛陀立像，萨尔纳
特博物馆

眼长，光泽明净。眉高而广，牙利白净。口鼻方大厚实，坚齿密齐利，吐赤白舌。双耳高上，髦发光润。上身广大，肤肉坚著。修脊细腰，其腹不现；长尾利爪，其足安立。"这种描写，显然是对狮群中身处高位的狮子王形象的细致观察所总结出的特点。

印度大陆的文化符号中，狮子是至高无上者和智慧者的标志，释迦牟尼的王者身份，更使得狮子图像的被使用显得顺理成章。所以《方广大庄严经》卷 3 记载说佛陀出生时，雪山中有无数狮子前来护法。

从髦毛的颜色来看，有两种雄狮，一种是金黄色的，另一种是略显深色的。据现代动物学家的研究，雄狮子中髦毛颜色较深的狮子更为健壮有力，东晋时期的中国名僧法显在印度的王舍城附近山上见到的"黑狮子"，可能就是雄狮中比较威猛的狮子王。

狮子之所以作为护佑佛法的雄猛勇者，与狮子王在人们心目中的坚定、勇敢、不可战胜的形象有一定关系。

《根本说一切有部毗奈耶》卷 38 就讲了一个"咕咚的故事"，将山林草泽中各类野兽做了一个顺序排队，当然最勇敢镇定的非狮子王莫属了。故事发生在一片频螺果林中。什么是频螺果呢？频螺果是频螺树的种子，频螺树是一种梧桐科乔木，其果实秋季成熟，成熟后的种子大如鸽卵，由红色天鹅绒般的果荚包裹，熟透开裂时，好似凤凰鸟睁开眼睛，故有"凤眼果"之称。其种子不能生吃，经炒熟后方可食用，味如板栗。故事的情节是这样的：

在很久远的过去，在草原上的水潭旁边有一片频螺果林，里面栖息着六只兔子——而兔子是胆小动物的象征。

在深秋的时候，兔子们听到了树林中不停地传来"咕咚咕咚"的声音，胆小的兔子们听到这种声音，以为是有超大的野兽步履沉重地进入了它们居住的树林，吓得纷纷逃窜。逃出树林后，它们就碰到了鬣狗。鬣狗见兔子如此惊慌失措，就问为什么啊？兔子于是说听到了可怕的"咕咚"声，一定是有非同一般的怪兽进入了树林。鬣狗听兔子如此这般添油加醋的一番描绘，也吓得仓皇奔逃。结果一路上它们依次碰到了野猪、鹿、牛、象、豺、狼、虎、豹及小狮子等，并依次将小兔子所说的话作了更为夸大的描绘。这些野兽们都吓得屁滚尿流，恨不得多生两条腿，一个个跑得气喘吁吁。

最后，它们在山谷中碰到了鬣毛飞扬的狮子王。狮子王见大大小小的野兽们惊慌失措地奔跑，就问那些虎豹豺狼："你们一个个都是有尖爪利牙的山林之兽，是什么让你们如此恐惧逃跑呢？"气喘吁吁的野兽们报告说："我们听到了非常可怕的咕咚声，一定是有猛兽来加害我们，所以才仓皇奔跑，想找一个安全的地方。"狮子王问它们："你们是在什么地方听到可怕的声音的呢？"百兽们面面相觑，说不清到底在哪里有这样的声音。于是小狮子问老虎、老虎问豹子，豹子问大象，一路问下去，最后小兔子才说是在它们住的频螺果林听到的。

于是狮子王领着大大小小的野兽们来到小兔子居住的频螺果林，听到"咕咚咕咚"声音是从水潭边发出的。循声来到水潭边，才发现那"咕咚咕咚"的声音原来是成熟的频螺果掉入水中的声音。真相大白，动物们都松了一口气。佛陀讲这个故事，是教育僧侣们不要犯捕风捉影的错误。

狮子的勇敢与镇定，在这个故事中表现得非常生动形象。

正是狮子王的镇定、勇敢，才赶走了动物们心中的恐惧。

有趣的是，在印度大陆早期的表现佛陀及佛法的一枚金质徽章中，就有"狮子赶走恐惧"这样的铭文。这是一枚发现于古印度墓葬中的圆形金质徽章，大约是公元前1世纪后半期的作品。

在徽章的正面，是一头鬣毛丰沛、右爪抬起、张口大吼的雄狮，

古印度墓葬中出土的圆形金质徽章

在狮子的上方，是一行简略的佉卢文："狮子赶走恐惧。"在徽章的另一面，是一个体型修长高大的人正在用双手推动一个八辐的法轮，上方的一行佉卢文铭文："他转动了法轮。"是谁转动了法轮呢？也许这个金质徽章所表现出来的，就是最早的佛陀的图像。佛陀转动了法轮，而狮子赶走了恐惧，佛法自此就会传播四方、无所畏惧。也许，这正是此徽章要表达的意思。

三

狮子的卧法

狮子王国是如此具有诱惑力，以至于关于狮子的一切行为都披上了神秘的外衣，其中包括它的卧姿。在佛经里，释迦牟尼佛涅槃时的那种卧法就被称为"狮子的卧法"。

所谓"狮子的卧法"，当然就是如狮子那样两足相叠，右胁而卧。

那么狮子是以如何傲岸的姿势，舒展自然、仪态威严地雄卧大地呢？

维克多·雨果有一首《午睡的狮子》，描写的就是那卧在草原上的狮子王的凛凛威风：

> 那仪表堂堂的雄狮，
> 独自在它的卧房安睡。
> 烈日投下大块的阴影，
> 助它睡得更为香甜。
>
> 它威严的脸庞与惺忪的双眼，
> 流露出平和与安详。
> 它有智者的宽眉，
> 还有强者的利爪。
> ……
> 它的嘴好似深邃的洞穴，
> 鬣毛好似森林里的幽谷。

关于这种卧法，我们可以在 2—3 世纪的埃及地区的墓碑上雕刻的卧狮子形象中得到一个比较直观的认识。这

件石灰石卧狮作品长 187 厘米，宽
32 厘米，高 48 厘米，现藏美国大
都会艺术博物馆。狮子神情镇定，
前足相叠，基本上呈右胁向下的卧
法。

卧狮，大都会艺术博物馆

按近代生理学的原理来看，人
的心脏在左侧，当右胁向下卧时，心脏在上面就不会被压迫，是一种
可以最大程度让人体血流通畅、呼吸平静的卧法，是最吉祥的；如
果是左胁下卧，就会压迫到心脏，影响血液流通与呼吸，是一种不健
康的卧法，所以不宜久卧。因而，佛教的出家律仪里面规定，僧侣休
息一般采取这种右胁在下的侧卧方式。如《大毗卢遮那佛说要略念诵
经》即云："初应正身威仪，右胁累足如狮子卧。"因此，此种狮子卧
法，又被佛经称之为"吉祥卧"。

我们先看看佛陀涅槃时的这种吉祥卧法。

根据《根本说一切有部毗奈耶杂事经》，佛陀从广严城奄没罗林
说法后，回到住处就身患病苦，于是他又到广严城，给弟子阿难陀讲
了三次修习佛法的法门，并告诉他说，自己不久就离世，涅槃而去。
佛陀离世的时候，将会大地震动，但是弟子们不要悲哀，因为佛的法
身遍一切处。

大都会艺术博物馆所藏的
一件 2—3 世纪之际犍陀罗地
区的石雕作品，生动地描绘了
释迦牟尼进入涅槃境界的详
细情节：背景是两株高大的娑
罗树，释迦牟尼的身后是前来
送别佛陀的悲痛欲绝的末罗族

释迦牟尼涅槃雕像，大都会艺术博物馆

人，匆匆自外地传教赶回来的大弟子迦叶手摸佛陀之足，在听末罗族长老讲述佛陀涅槃前的情节。画面上，进入涅槃的释迦牟尼右胁向下侧卧在宽大的寝台上，头安歇在枕上，表情祥和宁静，右手垫在枕头与面颊之间，左手舒展自然地置于体侧——这可能就是佛教狮子卧法的经典样式。

按照《增一阿含经》的记载，仰面朝上的卧法叫作死者的卧法，左胁向下的卧法被称为爱欲者的卧法，而右胁向下的卧法才是最吉祥的狮子卧法。

根据这样的说法，同时期的犍陀罗作品中也有与狮子卧法相反的这种左胁向下的爱欲者的卧法。出土于巴基斯坦2世纪时期的犍陀罗石雕作品"摩耶夫人梦佛陀乘象入胎"中，摩耶夫人就是左胁向下侧卧在床上。

摩耶夫人梦佛陀乘象入胎，大都会艺术博物馆

佛经上说，释迦牟尼在出生之前，是住在天国兜率宫的一位善慧菩萨。他决定投生人间成佛度化众生，于是选择了仁慈的净饭王夫妇作为父母。净饭王和王后摩耶夫人已经结婚多年，却一直膝下无子。一天，摩耶夫人在睡觉时，梦见一位菩萨乘着一头白色的大象从空中而来，又从她的右胁进入了腹部。这时，周围大放光明，天女散花，醒来后，她就把这个奇特的梦讲给净饭王听，国王也很惊异，于是请来相师，占卜说王后所怀的是位圣子，以后一定能让释迦族光耀。国王夫妇非常高兴。

犍陀罗石雕作品"摩耶夫人梦佛陀乘象入胎"中，画面上共有五人，释迦牟尼佛的母亲摩耶夫人左胁向下卧在装饰华丽的床上，床上铺着布满花朵的优雅床幔布。在床头的位置站着一位手握宝剑、气宇轩昂的卫兵，床侧和床尾侍立着三位体态婀娜的侍女。在画面的正中位置上方，是一个已经残破的圆盘，那应该是浮雕着乘坐六牙白象准备进入摩耶夫人身内的释迦牟尼的形象。

这件作品中，摩耶夫人左胁向下侧卧的方式，可能是犍陀罗艺术家有意布置的，是以不同于佛陀涅槃时的狮子卧法的表现世俗王后的爱欲者的卧法。

当然，在3世纪以后的东亚等地区，这种以爱欲者的卧法表现摩耶夫人梦佛乘白象入胎的构图被抛弃，无论在中国还是东南亚地区，这一主题之中的摩耶夫人造像也都采取了右胁向下的狮子的卧法。

在佛陀涅槃图中，佛陀都是以狮子的卧法被塑造，但是这一主题中的人物或其他元素则随着佛教传入地区文化的差异而有所变化。

如中国明代的这件釉陶三彩的佛陀涅槃雕塑中，佛陀右胁向下，安详静卧在具有浓厚华夏风格的寝台上，身后是三位悲伤拭泪的僧人，在犍陀罗造像甚至早期中亚造像中必有的娑罗树、末罗族人等人物与造像元素都被省略。其实，这件雕塑的前面，还配有至少四件单独的人物造像，都是表现哀悼佛陀的汉族僧人的形象。

而在这幅泰国的佛陀涅槃绘画中，佛陀涅槃的情景被表现得非常唯美，高大茂密的娑罗林中，美丽的娑罗花纷纷落下，覆盖在佛陀的身上。泰国装束的菩萨、长者、信众和佛弟子围绕在莲花盛开的寝台边，华丽的场景弥漫着淡淡的忧伤气氛。这样的构图，已经完全不同于犍陀罗时期的图像，但是，狮子的卧法变得更为优美。

佛陀涅槃雕塑，大都会艺术博物馆

佛陀涅槃图，泰国

四

狮象之争

大象是动物界的庞然大物，狮子是草原上的威猛王者，能冒犯它们的动物，屈指可数。而它们之间呢，自然也是各有所惧，狮子要想围猎大象，可不是什么容易的事情，那神殿柱子一样粗大坚硬的象脚、灵活的长鼻子和尖锐的象牙，不是轻易就能对付得了的天然利器。

在今天的非洲草原上，当象群到水塘喝水的时候，那些像大猫一样用舌头舔水喝的非洲狮们，也都会慌慌张张地躲到一边去——古代的亚洲狮自然也是如此。

山西太原出土的隋代虞弘墓石椁浮雕的第6块椁壁图案，就是武士——也可能表现的是萨珊波斯国王——骑象猎狮的场面，此时，大象面对狮子进攻表现出了英勇与镇定。

这块石椁壁上大部图案内为一人乘象猎狮的场面，共

萨珊波斯国王骑象猎狮图，隋代虞弘墓石椁浮雕第6块椁壁，山西太原出土

萨珊波斯国王骑象猎狮图线条画

有三头狮子扑向骑象的国王，场面异常紧张危险。

猎狮者骑在大象背上，头戴花冠，波状长发披在肩后，深目高鼻，胡须浓密。他两手各握一把长剑，两剑之首为圆环形，无剑格，剑身细长，左手之剑是剑尖朝下立在身后，挡住一头从身后扑上来的雄狮，右手之剑高举过头，扭首回身，奋力向后部的狮子劈过去。

骑象体形高大，四腿如柱，长卷高鼻，挡住前方扑过来的一头狮子。

画面上的第三只狮子位于大象右侧，狮尾倒卷到腹下，正狂奔而来，向象的前腿咬过去。狮子的后面，一只猎犬四爪腾空，跃起来扑咬狮子的后腿。场面残酷激烈，惊心动魄。

当然，狮子王的威风也绝非徒有虚名，至少在亚洲地区的古代传说中，大象对狮子的畏惧是可以用"屁滚尿流"来形容的。佛经《根本说一切有部毗奈耶杂事》卷19中的一个故事说，僧人们为了惩戒吝啬刻薄的皇家驯象师，故意穿上狮子皮做的皮鞋站在上风口，结果原本温顺从容的皇家大象，闻到狮子皮的气味后惊慌失措，连驯象师都无法抑制大象心惊胆战的狂奔。由此可见大象是如何地惧怕狮子。

中国古代的战场上，曾有好几个用假狮子打败大象军队的战例。据《宋书》卷76《宗悫传》记载，445年，南朝刘宋将军宗悫率大军讨伐林邑国（今越南中部的一个古代小国），林邑王倾举国之力对抗。他的战士们骑着大象，所向披靡、势不可挡，宗悫大军伤亡惨重。正在全军懊丧之时，宗悫想到狮子威服百兽，大象自然也会怕狮子的道理，于是让士兵们制作了狮子的形象抬上了战场。果然，遇到宗悫的假狮子战队后，林邑王的真大象战阵，一改往昔的勇猛与淡定，惊慌失措、狂奔不已。这种骑象战斗的军队编制，一般都是"乘象而战，每一象，战士百人"，就如现代的装甲部队与步兵的配合一样，象阵内是密密麻麻的步兵。大象慌乱奔逃，顿时就阵脚大乱，自相踩踏，死伤无数。宗悫乘势追击，一举平定了林邑国，劫获珍宝无数。

清代学者赵翼的著作《陔余丛考》卷40中考证说，唐代大将朱滔也曾学习宗悫，在大丝帛上绘狮子的形象，让士兵蒙在身上冲锋陷阵，使得敌方战马受惊，从而一举破敌。而明代大将张辅在1407年远征安南（今越南）时，也画上狮子的形象，蒙在战马身上，冲击敌方的大象阵，使得对方大象受惊，战阵崩溃。

关于狮子征服大象的故事，《法句譬喻经》卷3《忿怒品》还讲述了一个释迦牟尼五指化作狮子制服醉象的故事。这个故事是佛教美术中被频繁表现的母题之一，收藏于印度政府博物馆的一件2世纪的圆形石灰石浮雕，就生动地表现了这一故事发生的场景。

这个故事的内容是这样的：

释迦牟尼早期在摩揭陀国的耆阇崛山（在今印度大陆贝哈尔州拉查基尔东南）传道的时候，国王阿阇世王和婆罗门提婆达多都想把佛教打压下去，虽然国王下令民众不得信奉佛教，也禁止给僧人们施舍钱物，但是佛陀的影响还是与日俱增。

佛陀制服醉象，圆形石灰石浮雕，印度政府博物馆

要从源头上遏制佛教，最好的办法当然就是伤害佛陀、驱散他的弟子们，但苦于没有合适的机会。

终于有一天，舍利弗、目连、迦叶、须菩提等这些佛陀最得力的弟子远行到其他国家去传教，只有佛陀跟500个弟子留在耆阇崛山中。提婆达多知道此时佛陀势单力薄，有机可乘，于是就同阿阇世王商议说："佛陀的诸弟子现在已经东奔西散啦，身边只有 500 弟子。愿王明日请佛入城。我将 500 头大象用酒灌醉。等佛陀入城后，就把这 500 头醉象放出去，一定会把佛陀和他的弟子们尽数踏杀。"阿阇世王闻之，欢喜异常。就到佛所住的耆阇崛山稽首作礼，邀请佛陀说："明日设微薄的施舍法会，请世尊和弟子们屈驾到王宫内进食。"佛陀对国王与提婆达多的阴谋早就了然在胸，于是不动声色地答应了国王的邀请。

第二天，当佛陀与 500 弟子刚刚进入城门不久，提婆达多就将 500 头醉象放了出来。这喝醉了酒的 500 头大象血脉贲张、横冲直撞，长鼻子里发出狂暴躁动的喷鸣之声。醉象所到之处，裂壁断树，毁屋坏城。大街上，行人惊慌失措、纷纷躲避。佛陀刚走到王宫北门外，就遇见了狂奔的象群，释迦牟尼从容镇定，站在当街，举手分开五指，化作五头勇猛无比的雄狮，一起发出狮子吼，震天动地。狂奔的醉象群闻此狮吼，瞬间身体酸软，屈膝伏地，颤抖不已，一场危难顿时在佛陀的法力面前烟消云散。

看来，至少在佛经的故事中，狮象之争最终的结果自然是狮子获胜的。隋代来华的天竺僧人阇那崛多翻译的佛经《佛本行集经》卷 14 中还有一个有趣的故事，讲的是一个美丽无双的雌老虎寻找夫婿的故事。大象、野牛、狮子等纷纷前来应聘，结果，狮子还是战胜野牛、大象，成为老虎家的夫婿。

大白象应聘面试所说的偈言是：

> 我是雪山大象王，战斗用我无不胜。
> 我既有是大威力，汝今何不作我妻。

美丽的老虎不为所动，拒绝了大白象，她回复大象的偈言是：

> 汝若见闻师子王，胆慑惊怖驰奔走。
>
> 遗失屎尿狼藉去，云何堪得为我夫。

可见，大白象这样的庞然大物，在老虎妹妹眼里，就是个怕狮子的胆小鬼，一听到狮子来的风声都会屁滚尿流，自然不能做她的夫君。而前来应聘的狮子王就有百分百的胜算了，他所说的偈言是：

> 汝今观我此形容，前分阔大后纤细。
>
> 在于山中自恣活，复能存恤余众生。
>
> 我是一切诸兽王，无有更能胜我者。
>
> 若有见我及闻声，诸兽悉皆奔不住。
>
> 我今如是力猛壮，威神甚大不可论。
>
> 是故贤虎汝当知，乃可为我作于妇。

这个狮子王不但是底气足，说辞也是滔滔不绝，先夸自己的鬣毛巨首好身材，再夸自己不可战胜的好武功，还不忘吹一下自己震天动地的"狮子吼"——这样的狮子王，自然是老虎妹妹心仪已久的，所以她的甜甜回答是：

> 大力勇猛及威神，身体形容极端正。
>
> 如是我今得夫已，必当顶戴而奉承。

在老虎妹妹的眼里，狮子王是个威猛有派的帅哥，正是自己要低眉顺眼侍奉的夫君。

老虎都这样，何况大象。据《六如画谱》卷1《叙画源流》的记载，南朝宋的著名文士、画家宗炳就画有《狮子击象图》，可见狮象相争也是很流行的艺术创作题材之一。

正是因为狮、象在搏斗中均具有一般野兽无法与之抗衡的能力，所以它们的图像也经常被用来代表武士的力量，如据《隋书》卷12《礼仪志》的记载，南北朝时期后周王朝的宫廷侍卫中，左前侍佩戴的是狮子环首的刀，而右前侍则佩戴大象环首的刀，说明大象与狮子是作为一对力量势均力敌的象征出现的。

在佛教的图像中，狮子座往往被用来代表佛陀的佛法雄猛和菩萨的智慧无比，而大象也是佛法的代表性动物形象之一，如中国佛教中的普贤菩萨就骑在六牙白象背上，代表菩萨的愿行殷深、法力无边，如象之大力。

菩萨装的释迦牟尼，阿富汗出土

早在4世纪的中亚佛教造像中，就有大象守护在佛身边的形象。如出土于阿富汗的这尊菩萨装的释迦牟尼同弟子的造像龛中，在佛陀的左手边就有一位菩萨或者信徒骑在大象背上，满怀敬意地仰望佛陀，而佛陀的右手边，则是一位信徒跪在地上礼拜佛陀。

在古印度文化中，大象是同狮子一样具有神性的大型动物，但是狮子的地位显然要远远高于大象，如8世纪印度耆那教寺庙屋顶的装饰，就是巨大的狮子凌驾于相对体形较小的大象之上。

狮子凌驾大象，印度耆那教寺庙屋顶的装饰

大象是力量的象征，狮子是勇气

骑在狮子背上的刹帝利，印度奥利萨邦神庙装饰雕像

大象和狮子抬起的佛座，阿旃陀石窟26号窟中的佛陀造像

的象征。在印度文化中，大象又是国王的象征，是刹帝利的象征，所以在印度奥利萨邦神庙中，有骑在狮子背上的刹帝利塑像。这尊雕塑中刹帝利的勇敢与征服能力，通过高高踏立于大象背上那不可一世的狮子表现了出来。相对而言，大象则被塑得很小，蜷缩在狮子神的巨爪之下，向人们昭示着被征服者的渺小。

这种狮子在上、大象在下的图像格局布置，是印度文化中对狮子与大象地位高下认识的一个文化表现。在佛教的造像中，如果狮子与大象同时出现在佛陀身边，也基本上是狮子在上、大象在下。如阿旃陀石窟26号窟中的佛陀坐在西方正位，两侧有半人半蛇的护卫，飞行的天神手持象征知识的花环，站在佛陀的身后；佛陀的宝座被大象和狮子抬起，大象就站在狮子背上。大象的神力与狮子的智慧在这里被完美地结合起来。尤其是释迦牟尼佛出身于王族，所以狮子当然也代表他的王族身份。

狮子在上、大象在下的固定图像元素搭配，在中国佛教造像中也反映得比较明显，如甘肃天水拉梢寺北周时期大佛的佛座下就是上蹲狮子、下立大象的模式。

　　狮和象作为在动物界有着敌对与争斗关系的一对大型动物，在佛教造像中被完美统一了起来，成为佛陀法力的护持者。现藏于陕西西安碑林博物馆的一具北魏时期的造像碑表现了狮象之间的这种和谐一统。这座碑雕刻于6世纪左右，上面是在狮子座上交脚而坐的弥勒菩萨，下面是坐在狮子座上的释迦牟尼佛。最让我们惊奇的是下面释迦牟尼佛的造像，本来释迦牟尼已经坐在了左右两头狮子的狮子座上，但是在狮子座下，又是一个莲花座，莲花座被三头吉祥动物扛了起来，中间的动物自然是长着长鼻子的

有狮象座的造像碑，西安碑林博物馆

六牙白象，两侧是两头龇牙咧嘴的狮子。在这儿，狮子成了大象的好兄弟。

　　隋唐以后，大象与狮子的图像被成对地装饰在佛教建筑中，更是习以为常了。如北京大正觉寺佛塔基座上就装饰着造型饱满生动的大象和狮子图样，上面的大象呈疾步奔行状态，长鼻子上卷着一朵将开未开的莲花，好像是要小跑着去供养佛陀，狮子在祥云中微微回首，尾巴轻摇，举起一只前爪力托莲花座，不慌不忙，举重若轻的样子。

　　在印度大陆的传说中，据说大象在其前生曾经在天上以云为伴

侣，当现世中它们在大地上生息繁衍，就具有支配云雨的本领，这可能是因为大象那善于吸水的长鼻子和灰色的云团一样的躯体给人的一种启发。所以，人们深信大象具有令天降大雨的能力。在印度巴尔胡特和桑奇第二塔的浮雕中，都有象从口中吐出莲花蔓，或者象鼻中喷水生出莲花的场景或纹样，即生生不息的意思。

在 300 万年前的地质时代，中国地域内有一种剑齿象，因为它的化石在甘肃省的黄河畔发现，所以又被叫作黄河古象，是地球上早已灭绝的一种大象。在中国古代文字记载的历史上，出现在中原地域内的大象，有的来自南方，有的是印度大陆等气候较温暖的地区进贡而来的。如北魏时期的洛阳城内有两个大的居民区，分别叫作白象坊和狮子坊，都是因为印度或西域国家曾进贡白象和狮子到洛阳而命名的。

北魏洛阳白象坊的得名，源于 509 年印度大陆的乾罗国王给北魏宣武帝元恪进贡的大白象，象背上设了具有五彩屏风的坐床，能坐好几个人。据说这头大白象刚开始养在北魏皇家的乘黄曹，但总是被大象撞坏了墙跑出来，在大街上毁屋拔树、踏伤百姓。无奈之下，才在皇家宫廷外专门建了圈养这头大象的地方，后来，这一带成了居民区，就被起名为白象坊了。

按现代生物学知识，其实没有白皮肤的大象，大象之所以是白的，是因为得了一种白化病。白象在印度大陆是神圣的象征，所以就连释迦牟尼出生之前，其母亲摩耶夫人也是梦见六牙白象驮太子入胎成孕的。

白象坊和狮子坊的命名，表明在中国的文化意识里，已经将白象和狮子作为一对吉祥、威严的搭档来看待了——这种文化寓意产生于印度，传到中亚地区各小国后，其图像寓意突出地表现在王家建筑和家具等装饰上，如嚈哒国王妃的座椅就是以六牙白象和四狮

佛塔基座上的大象与狮子图样，
北京大正觉寺佛塔基座装饰

三山聚顶的建筑装饰，山西平遥寺庙脊饰

子为装饰的。

大象的艺术图样传到中国后，又结合中国文化产生了吉祥（象）如意的寓意，所以像蹲狮一样在建筑物门口放置两尊大象的雕像，就增添了浓厚的祥和气氛。

狮子与大象的祥和图像，在中国古建筑物的装饰上表现得尤为明显。如在山西平遥的寺庙脊饰上，有一种三山聚顶的装饰，就是狮与象配对呈吉祥如意、和美守护的典型代表。从形式上看，三山聚顶是中央立楼阁，两侧有狮子、大象与宝瓶相配的装饰，意思是好比三座山聚拢在屋顶的脊上。这是山西地区重要殿堂屋顶上特有的一种装饰形式。可见，在印度文化中相互争斗的大象、雄狮，在中国文化中慢慢蜕去了争斗的意味，狮象并立成为和美安定、吉祥如意的象征。

五

慈悲世界的莲花狮子

佛、菩萨和供养人都有坐在美丽的莲花或莲花座上的各种形象，而作为座位的莲台也成为佛教造像的标志之一。如克孜尔石窟壁画中的僧侣就以手持莲花的形象供奉佛，在海蓝色的底纹上，身穿长袍的僧侣手持一枝含苞待放的莲花，在他的左右两侧，也都有饱满的红莲作陪衬。

不仅是佛教使用莲花来代表生命的生生不息与纯洁，在公元前5世纪的塞浦路斯近东本土文化中，莲花不但是同"生命树"

手持莲花的僧人，克孜尔石窟壁画，大都会艺术博物馆

密切相连的植物，而且已经将生命树、莲花同狮子结合了起来——这是现藏大都会艺术博物馆的一件石灰石浮雕传达给我们的信息。图案中间是蓬勃生长的生命树，两侧有两头狮身人面像站在盛开的莲花枝上，外围也是一圈盛开的莲花，花头下垂。

这样的狮子守护莲花的图案，在佛教的狮子座中被继承了下来，如出土于中国河北地区的好几件早期犍陀罗风格的佛陀金铜坐像，其狮子座就是典型的狮子守护莲花的图案。佛陀坐在狮子座上，双狮的中间，是在水瓶中盛放

斯芬克斯、莲花与生命树，石灰石浮雕，大都会艺术博物馆

释迦牟尼造像中的狮子座狮子守护莲花，西安碑林博物馆

佛陀说法造像中的狮子座狮子守护莲花，上海博物馆

的莲花。这样的狮子守护莲花的狮子座在北朝时期是非常流行的，如现藏于西安碑林博物馆的一尊释迦牟尼坐像和现藏于上海博物馆的一尊北齐时期的佛陀说法造像中的狮子座就是典型代表。

佛教的莲花给了凶猛的狮子一个充满温情与爱意的人文形象。在中国的民间传统文化图样中，狮子与莲花相配的艺术创作更是多种多样。如中国年画中的狮子与莲花就很有代表性。

自然界的狮子虽然是凶残勇猛、不可战胜的，但是人类对于狮子却有很多的期盼。譬如把雄狮塑造成王者的象征，期望雄狮不但是征服者，也是美好世界的守护者、人类理想的捍卫者和包容者。

在宁夏出土的一枚蓝色圆形宝石印章，将这种期望强烈地表达了出来。该印章于 1986 年出土于宁夏固原南郊乡小马庄村史诃耽夫妇

梅花狮子与莲花，中国传统年画　　绣球狮子与莲花，中国传统年画

合葬墓，直径 1.6 厘米，厚 0.5 厘米，大约是唐朝时期从西域流入华夏地域的。它一面光洁，边缘凸起；另一面刻有纹饰，中间为一卧狮，后立三杆，杆头皆有莲花蕾。纹饰上方有一周铭文，属中古波斯文，可译为："世界宽容！世界宽容！世界宽容！"

　　人类的思维与认知体系就是这么复杂，有时候往往将水火不容的东西统一在一起。狮子明明是自然界中最残忍的猛兽，可是却被人类的文明体系认同为慈悲或宽容的象征之一。

蓝色圆形宝石印章，宁夏回族自治区固原博物馆

　　随着佛教的传播和发展，以莲花为象征的佛教经典对狮子的形象也做了多样化的塑造，尤其是通过对狮子与其他动物关系的描述，使得狮子具有了多样化的形象。在佛教经典中，描写了一

些"恶狮子"，但是佛陀也讲了很多关于"善狮子"的故事。

我们先看看佛经中一个"无恩狮子"的故事。

据《根本说一切有部毗奈耶破僧事》卷15的记载，在久远的古代，在结满鲜美野果的山林中，有一只灵巧的啄木鸟与狮子做邻居。狮子经常捕食梅花鹿，有一次在狼吞虎咽地吃完鹿肉后，一块骨头卡在了狮子的咽喉中，上也上不去，下也下不来。狮子不但非常痛苦，还无法再进食，以至于饿得皮包骨头。

啄木鸟看见狮子这么痛苦不堪，就问它说："阿舅，为什么如此瘦弱呢？"狮子回答："我有痛苦啊。"啄木鸟问它有什么痛苦，狮子就把鹿骨头卡在咽喉中的事情告诉了啄木鸟。啄木鸟一听，觉得这个事情自己能帮上忙，于是就说："我为你解除这个痛苦，但是你作为兽中之王，能不能报答我的恩情呢？没什么别的要求，每天都能给我找来吃的东西就可以啦。"

狮子王闻言，信誓旦旦地保证说："就依你的条件，只要解除我的痛苦，以后我每天都给你找来吃的东西。"啄木鸟闻言，便心里暗自打算："我应该想个巧妙的办法为狮子除去卡在咽喉中的骨头。狮子醒的时候不好下手，等它睡着了，就可以神不知鬼不觉地把骨头拿出来。"计议已定，就在树枝上等待时机。

当一天中最炎热的时刻快过去的时候，阵阵凉风吹来，狮子渐感惬意，迷迷糊糊地睡着了。啄木鸟见狮子熟睡，衔来木棍支开狮子的嘴巴，飞进狮子王嘴中，很快把卡在狮子咽喉中的骨头取了出来。然后就静静地待在树枝上，等待狮子醒过来。

狮子睡醒后，感觉到自己咽喉中的鹿骨头没了，顿时一身轻松，很愉快惬意地哼哼了几声。啄木鸟看到狮子如此快活，就飞下树来，衔着那块取出来的骨头给狮子看，表白自己的功绩说："阿舅，你的苦痛都是因为这块鹿骨头。"狮子见到这块苦痛自己很长时间的骨头也很愉快,爽快地对啄木鸟说:"外甥,我久经苦痛,今日得以解除。我想一生供养你的生活。以后你就每天都到我这里来吃吧。"啄木鸟听狮子这么一说,就欢欢喜喜地飞走了。

不久后的某一天,当狮子正在大口吞食鹿肉时,啄木鸟被老鹰追赶,无处躲藏,情急之下就飞到狮子这里来了,向狮子讲述被老鹰追逐的事情,期望狮子能救救它,给它一口吃的东西。狮子不但没给啄木鸟吃的东西,还以一首歌告诉啄木鸟:

> 我当行杀害,恶性亦恶行。
>
> 我牙齿锋利,入我口得出。
>
> 应当自忻庆,今复更何索。

啄木鸟一听狮子这样说,就知道这是个忘恩负义的狮子,只好飞走了。

《大方等大集经》卷 11 则讲了一个为救护猕猴而舍生忘死的"善狮子"。故事说,在过去的时候,有一头狮子住在深山岩洞中,它常常发出这样的善念来:"我是一切兽中之王,力能保护一切诸兽。"当时,在山中有一对猕猴夫妻,生了一个小猕猴。有一天它们要到较远的地方去觅食,就把小猕猴托付给狮子说:"大王啊,听说您能护佑一切兽类,我们今天出门觅食,想把孩子托付给您照管照管。"狮子王爽快地答应了。

结果猕猴夫妇离开后,粗心的狮子竟然睡着了,山上的一只秃鹫见狮子呼呼大睡,就乘机把小猕猴给叼走,飞到高高的悬崖峭壁上。

狮子醒来后不见了小猕猴,东找西寻,终于发现是被秃鹫叼到悬崖上的窝里去了。

狮子那个窝火啊,但是,纵然是兽中之王,面对秃鹫能飞上去的

悬崖峭壁也是无能为力，只能智取不可强攻。于是狮子王就说了一个
音韵优雅的偈言劝告秃鹫说：

> 我今启请大鹫王，唯愿至心受我语。
> 幸见为故放舍之，莫令失信生惭耻。

意思是说请大鹫王放了小猕猴，以解脱狮子失信于猕猴夫妇的境
地。但是秃鹫哪里理会狮子的这一片苦口婆心，它也以一个偈语回答
狮子说：

> 我能飞行游虚空，已过汝界心无畏。
> 若必护是二子者，为我故应舍是身。

这是秃鹫故意难为狮子，嘲笑狮子不能飞到空中来，说如果狮子
愿意舍身赴死，就愿意把小猕猴原封不动地还给猕猴夫妇，以成全狮
子王善护众兽、一诺千金的形象。

狮子王闻言，知道再多说也无益，于是表明了"我今为护是二
子，舍身不惜如枯草"的决心，准备从山崖上一跃而下、舍生而去。
秃鹫一看这狮子要来真格的，要从山崖上跳下去自杀，知道狮子是真
心护猕猴，赶忙制止了它，把小猕猴还给了狮子。

佛陀讲这个故事，目的在于启发僧侣们在修习佛法、慈悲世界上
要有狮子一样的舍身精神。

佛经赋予了狮子这个动物以多样的象征寓意，这样的认知无论对
于人类还是狮子都是幸运的。18 世纪以前分布在西亚、中亚及印度大
陆的亚洲狮之所以迅速濒临灭绝，一方面同西亚流行的英雄主义猎狮
文化密切相关，另一方面是 18 世纪以后西方殖民者在这一地区的狂

捕滥杀所致。

而亚洲狮之所以在印度有小部分存留，正是因为佛教与印度教都认为狮子是吉祥的守护者，是莲花的守护者，所以，美丽的莲花拯救了亚洲狮，使之能作为物种多样性的一种得以保留下来。

因为有大约两万多头非洲狮分布在非洲热带草原上，所以一些动物学家曾试图通过让非洲狮与亚洲狮通婚来拯救濒临灭绝的亚洲狮，但是这个计划失败了。杂交生下的狮子严重发育不全，不是站不起来，就是有各种各样的生理性疾病。最终，动物学家们终于明白了，亚洲狮和非洲狮虽然外形没有太大的差别，但是在基因遗传上已经有了很大的差别。

对于地球上那些仅存的狮子，我们能做的也许就是像佛教经典中所讲的那样，跟它们和睦相处、不要杀戮。1952 年上映于英国的古装片《安德罗斯和狮子》表达的就是我们人类应该采取的态度。

安德罗斯是一个信仰基督教的裁缝，身份是一个奴隶，他在罗马帝国受到宗教迫害，因此逃出了罗马帝国。他藏在森林里，日复一日，食物匮乏，他不得不忍饥挨饿，一日，一只狮子伸出爪子向他求助，细心的他发现狮子的爪子上嵌入了一个巨大的荆棘，他勇敢地帮助狮子拔出了荆棘，狮子的痛苦得以缓解。

不久后，安德罗斯被罗马帝国的士兵抓捕了起来，被囚禁在罗马竞技场。士兵将他放到竞技场上，迫使他和狮子决斗，当他走到竞技场时才发现对面的狮子是自己救助过的那只，狮子没有吃他，反而极其温顺，他感动地抱住了狮子，罗马君主和贵族都惊呆了，遂下令结束迫害基督徒，并且放走了安德罗斯和狮子。

愿我们与狮子一起，都具有美丽的莲花之心。